越简单 越幸福

北欧君 缪音子 著

Find Happiness
in the
Simplest Things

中国友谊出版公司

图书在版编目（CIP）数据

越简单 越幸福 / 北欧君, 缪音子著 . -- 北京 : 中国友谊出版公司, 2017.11

ISBN 978-7-5057-4108-9

Ⅰ. ①越… Ⅱ. ①北… ②缪… Ⅲ. ①文化生活－介绍－北欧 Ⅳ. ①G249.53

中国版本图书馆CIP数据核字（2017）第264916号

书名 越简单 越幸福
作者 北欧君 缪音子
出版 中国友谊出版公司
发行 中国友谊出版公司
经销 北京时代华语国际传媒股份有限公司 010-83670231
印刷 北京汇林印务有限公司
规格 690×980 毫米 16 开
16 印张 200 千字
版次 2017 年 11 月第 1 版
印次 2017 年 11 月第 1 次印刷
书号 ISBN 978-7-5057-4108-9
定价 58.00
地址 北京市朝阳区西坝河南里 17-1 号楼
邮编 100028
电话 （010）64668676

目　录

contens

董琼：
极简主义中国风

马格莱达：
直到时间尽头也不想将就

婉晴：
恰到好处的距离

附录：
一点一滴组成的生活

序 1
有关生活的所有梦想

北欧，一个活在段子里的国家，高福利让人羡慕之余，又有很多未解的神秘。都说二战成就了北欧设计，当欧洲战火纷飞时，只有北欧人有闲心研究那些事关生活品质的设计。这种选择，最终成全了北欧人成为全球头号“富贵闲人”的生活理想。而一步领先，步步超前。直到今天，北欧人仍然是世界上能把日子过得最有腔调又松散快活的一群人。

极简北欧风可能是近年来最神奇的一股潮流，从年轻中产家庭，到富豪阶层，都有它的拥簇。更有人断言：北欧风恐怕要成为一种全球审美了！然而在欧洲，北欧风早已不是什么新鲜风潮。都说时间是最好的鉴定师。要知道自二战以来，北欧设计已经历了几十年的岁月变迁，却仍然是欧洲家居生活里的偶像，难怪北欧风是很多德国人法国人心中永不过时的经典选择。

记得 2011 年出国前，北欧对我来说也非常神秘。当时有一个在北欧待过的美国外教“恐吓”我说北欧人特别冷漠，你认识一个当地人大半辈子，他都未必会请你去他家里做客。当下就让喜欢社交的我产生了一点心理阴影。

然而没想到，我和男友大卫交往后第一次去他家过周末，他就说不介意的话明天顺便去他爸妈家喝杯咖啡吧……不用说，这段经历又刷新了我对北欧人的认识。当然这其中有其文化逻辑：北欧人是矛盾的个体，他们最在意人与人之间的距离感，既要亲密，又企图保持高度的独立。

比如男友的妈妈做胃部手术时，我提出是否要去医院探望她。男友很淡定地说:“不用啦,医院有专人照顾,病人也不希望被打扰。”假如这是在中国，也许大家早就盘算着如何轮流照顾病号了。这样听起来是否觉得北欧人多少有点“人情淡薄”？可北欧人又是最信任陌生人的，常常近乎天真地以极大的善意揣测别人，并最渴望与他人进行联结。

刚来瑞典时因为读不懂车票上的瑞典语，只好问邻座的金发男生换乘事项。很巧的是他居然与我同校，聊了一路的天，还说回校大家一起聚聚。本以为是客套话而已，没想到他真的很认真地邀请我去参加派对，更没想到的是因为去参加了聚会从而认识了他们班所有的同学！

北欧的腔调和面子无关，没有浮夸攀比，没有纸醉金迷。当然，也不是那种自我放弃式的“平平淡淡才是真”。北欧人的日常里，柴米油盐都要有艺术感。小到一个调料瓶，大到高楼大厦，都要“颜值”达标，器精活好。如果你对北欧人的生活有所了解,就会发现他们真的重新定义了“会过日子”，也重新定义了“幸福”。

很多人常常把北欧风和性冷淡联系起来，其实这是对北欧生活很大的误解。如果你在北欧生活过，就会发现他们其实比任何人都更接地气，更讲求实际功能而非单纯做个颜控。讲到这里，不得不说北欧人最擅长的就是把日子过得舒服的同时，还不忘散发出一种时髦随性的气质。

看到全球都在推行北欧式的生活态度和家居风格，北欧人笑了。因为在他们看来，这不就是最普通的日常吗？装修自己的房子，做奶爸，不应酬，健身，享受大自然，把自己的兴趣爱好坚持一辈子……我们随意地过着自己的小日子，没想到就被联合国评为了幸福指数最高的几个国家。颇有种“这个学期虽然没有这么努力，但是成绩还是名列前茅”的心情，俨然一副学霸的姿态。

在北欧，家居是一种表达自我的方式，是一种生活态度的表达，不分职业，不分阶层，人人都有自己想要表达的“理想生活”。比如北欧白领夫妇，没有在安家置业这种人生重要环节上选择最省钱的一次到位，而是不紧不慢，走走停停，随着自己生活的步调把家一点点扩建，一点点填满……也有喜欢频繁更换住宅的家居造型师，只享受装修的过程，一旦把家变成了时尚杂志争相拍摄的地点，就潇洒卖出，向下一个更有挑战的家装项目行进；更有在宜家总部工作多年的上海夫妻，“孤身二人”来到人生地不熟的异国，带着明式的家具，做着北欧的家居，在异乡找到了精彩的事业、幸福的家庭；一对退休多年的瑞典夫妇会用亲身经历让你确信，装一个理想的家是每一个爱生活的人一辈子的事业，而且真正酷的人生，才不会守着一个毫无变化的家过一辈子。

这些并不是北欧的“富人阶层”或“典型”生活，而都是普通人的生活——在北欧也有收入差异，只不过在高税收的制衡下，差距并不是那么巨大。生活离不开社会，比如原本是造型师的安娜，能够成为北欧家居网络红人，其背后有一部分原因得益于北欧的诸多福利制度——可以领两年的失业金，生存压力没那么大，而随时向北欧人敞开的学校大门，又为学习新的工作技能提供了保障。但生活又不仅仅是这样，它归属于自己，就像家居一样，生活本就应该是一种自己感觉舒适的状态。那么在中国，是否也能实现一种又简单又幸福的生活？

生活在上海的一对90后夫妻，他们的家居追求“恰到好处的距离”，两个人一起工作，也追求“互不干扰却又能清晰地感知到彼此”，这正是我们前面所提到的“既要亲密，又企图保持高度独立”的文化态度。所以家居不是照搬，生活本身并不区分是北欧的还是中国的，只要适合自己的，就是最好的。

我觉得最迷人的北欧视角之一就是屋顶。欧洲城市的地平线一般都少了一份亚洲式的摩登和富丽堂皇，却多了一份温馨和历史厚重感。看着那些红色的、青铜色的屋顶在夕阳里一直穿插、延伸，直到和天边的蓝色交汇，看着小巷里零星的行人，感觉时间也静止了。

北欧从来没有给过我繁华的印象。低矮的建筑，稀少的行人，寂寞的日落，细碎的百年石板路……也许对这片土地，更准确的形容是“温馨”和“有质感”。从哥本哈根机场厕所的得奖垃圾袋设计，再到根据太阳直射角自动调节的窗帘；从不用汽油只靠剩饭剩菜产生的沼气发动的公共汽车，到可以抵御严寒节能环保的建筑材料……北欧人愿意在很多看不见摸不着的地方用100%的心。

然而，除了好处，这样的做事哲学也极容易“惯坏”人。在北欧生活久了，常觉得日子顺利得不可思议，因此总想着去别处寻找更刺激的体验。而真的到达了那些“别处”，又会抱怨各种基础设施怎么设计得如此复杂而蠢笨。所以说，北欧的好是对比出来的，是沉默而耐心的。

你在城市中心
寻找到了一片背靠热闹的宁静
很奇妙
而这就是北欧可以给你的浪漫

1. 为什么北欧的极简主义设计和生活风靡全球，得到了无数人的认可？

在北欧，简约是一种美德，一种想象力的起源。北欧的极简主义风格能够风靡全球，除了它实用和美观的完美结合，更重要的竞争力是设计背后的创新能力和具有启发性的生活理念。究其根本，北欧设计非常强调的是用最简单的方法去解决生活中实实在在的问题，而非一味为了创造出令人惊叹的外观。

现代人的生活是快节奏的，充满复杂性的。而北欧设计往往通过最简单的路径，轻松解决很多生活中的不便，让我们过得更轻松和有质感！随着社会文明程度的发展，我觉得以北欧风为特色的极简主义给予了我们“做减法”的想象力和能力，也让我们的生活变得更有包容力，能容纳下更多的精彩。

2. 北欧人如何保持婚姻里的幸福？

首先，选择不走进婚姻里的北欧人就已经占了很大的比重。其次，走进婚姻的北欧人中又有一半最后选择了离婚。我见过离婚了两次带着两任的孩子走进下一段婚姻的幸福重组家庭，也见过同学的爸妈在一起几十年依然选择只做一对围城外的恩爱情侣……北欧人的幸福来自潇洒，来自独立，来自纯粹。选择走进婚姻不是对谁的交代，也不是两个家庭的结合，而是一个新家庭的诞生和独立宣言。北欧红尘中的幸福与婚姻无关，与爱情有关。

3. 北欧人怎么理解自由与自律？

自由不是为所欲为。北欧式的自由有一个很重要的前提就是大家对规则的自觉遵守和尊重。

从个人层面上来说，北欧人从小就被培养自己做决定，自己承担后果。所以成年后的北欧人习惯了在自由中摸索自己想要过的人生。

4. 我们更在乎住房的使用价值，比如周边的教育医疗配套，所有的人挣了钱都会去买更大更好的房子，北欧人对房子和土地是如何看待的？

北欧人对住房的重视绝对不低于中国人，但是关注点很不一样。比如，我们最在意的是“产权”，而北欧人最在意的是“生活的质量”。北欧因为很早就拥有比较完善的租房系统，虽然队是长了一点，但也让“租房党”实现了“不用买房就能过好这一生”的梦想。所以，买房置业在北欧从来不是一个北欧人的人生必选。另外，北欧的教育资源、医疗资源相对来说分配更平均一点，所以只能算作基础因素而非决定因素。而街区生活便利程度，建筑的设计，户型等因素的重要性就在这个时候凸显出来了。北欧选房，选的是一种生活方式，说起来很虚，但是在北欧人心里却是很实在的东西。

北欧买房和买公寓的价格相差不大，甚至同样的价钱在市区可以买一个小公寓，但是在郊区可以买一栋带花园的大房子。只能说北欧人在这种选择上的倾向是多元的，有人爱市区的热闹，就有人爱郊区的寂静。正如前面所说，北欧选房，选的是生活方式。

北欧的冬季太过寒冷和漫长，我们不得不躲在温暖的室内挨过这寂静的黑暗。家成了我们除了办公室外，待得最多的地方。如果不想憋出抑郁症，那么把家里打造成一个绝对舒适的空间，在这样的环境里成了一件非常必要的事情。所以，北欧人享受花很多心思翻新、再翻新自己的家。家居在北欧也成了时装一样的存在，随着季节变换，随着心情变换。

5. 北欧人如何处理复杂的人际关系？

北欧人感到舒适的人际距离会比我们中国人更长一点。他们不觉得自己社交恐惧，但是可能在我们眼里却多少有点。其实更准确地说是“怕尴尬”。比如很多北欧人会在出门前在猫眼里看看外面，如果邻居刚好也出门，不如就干脆等一等，免得碰到了不知道说什么好。然而三杯酒下肚，北欧人又会热情得连自己都不认识自己！

我有个在英国留学的闺蜜曾经总结过：“在国外待久后突然回国，会觉得自己又弱又傻，过于礼貌。” 这点绝对也适用于在北欧当过北漂的人。接触过的北欧人常有种憨憨的实诚，以及被单纯环境惯出来的耿直。

北欧人处理起人际关系来真是让人直呼过瘾：直来直往，绝不把时间浪费在不想浪费的人和事情上。比如很神奇的一点，北欧人不应酬，也没有靠加班来讨得上司欢心的传统。工作归工作，不论男女，一下班就赶紧回家买菜做饭，把属于自己的自由时间还给自己。想要和同事联络感情？就拿瑞典人说吧，除了每天上午一次、下午一次的全国大型传统放松项目——fika（咖啡点心时间），公司还会每年挑几个日子做团建。你想硬凑在一起“尬团结”，估计都没人愿意奉陪。北欧的加班费高得惊人，常常是平时正常时薪的两倍起，所以从老板的角度来说加班未必划算，而从员工的角度来说，私人时间这么宝贵，何必卖给公司呢？

6. 假期多、不愿加班的北欧人的闲暇时光是如何度过的？

北欧人的饮食习惯真的也是延续了北欧风。关注健康的现代北欧人并不爱过度加工的食材，大量的沙拉充斥着他们的生活。你可以在学校图书馆、车站便利店买到一杯杯的蔬菜条，当作零食。

但是北欧人也有喜爱甜食咖啡的一面，比如瑞典人雷打不动的fika时间。fika 是一个只存在于瑞典语里的词语，类似下午茶的概念，但是又不仅限于“下午”。你可以在一天中的任何时间提出：我们 fika 一下吧！假如你在瑞典的公司上班，通常每天早上和下午会各有一次 fika，和同事坐在一起喝喝咖啡或者茶，吃蛋糕等甜品。

北欧的大街上有非常多的咖啡店，各有特色。周末的时候，我和大卫也和普通瑞典人一样喜欢去不同的咖啡店一起 fika，和朋友一起，或享受二人时光。夏天天气好的时候，我们也非常喜欢开车去村庄里的农舍改造的私人咖啡店，充满复古的情趣，非常有味道。

7. 北欧式的幸福，是否来源于其高福利的制度？

不得不说，高福利是支撑现有北欧人生活方式非常重要的基石。高福利给予北欧人的不是无需付出却有求必应的土豪范儿，而是“人人都能有尊严地、体面地生活”的承诺。记得以前坐公交车时经常碰到一个患有精神疾病的中年瑞典女人。她总是蹦蹦跳跳地上车，接着和司机还有其他乘客很夸张地打招呼。大家也都很友善地回应。印象深刻的是，她永远衣衫整洁，神采奕奕。在北欧有很多这样的残障人士，住在政府的福利公寓，每天都有护工上门两次照顾。虽然带有天生的缺陷而成了社会底层的弱者，但是活了大半辈子，每一天的日子都过得有尊严。

当然，高福利对应高税收和高物价，这样的社会现状也是无数纳税人缴纳高额税款才得以存在的。身边一些高薪的朋友，也会常常抱怨因为工资高，税也高，到手的钱比交的税还少。总结性地说：北欧的福利制度算是实现了仓廪实而知廉耻的美好愿景。

缪音子

2017，北欧

序 2
生活与家之间的距离

为什么北欧人的家看上去是如此干净与清爽？

为什么他们的家中好像看不到多少用于储物的地方？

当我们看着网络上那一个个简单到极致却依旧美好而优雅的北欧小屋，总会不自觉地发出这样的感想。看着身边乱丢一气的衣服，瞅瞅洗衣机上堆叠如山的待洗衣物，再看看被各式遥控器占领的茶几，我们不禁好奇：

为什么他们的书桌上没有七零八落的文具和零食？

为什么他们的橱柜台面看不到东倒西歪的油醋瓶？

为什么他们的茶几上只有一束鲜花和几个精致的装饰品？

记得有人说过这样一句话："家不是装修装出来的，它实际上反映的是你平时的生活方式。"比如一个喜欢看书的人总喜欢把书架上的书籍进行分门归类，一个喜欢上网玩游戏的人不会忘了给自己买一把专业的电脑椅。北欧人的家之所以这么好看，肯定和他们平时的生活方式脱离不了关系。

北欧人喜欢鲜花，享受那丝被花香滋润的空气，所以他们会在下班之后顺手买上一束鲜花再回家。

北欧人喜欢音乐，他们的家中自然少不了几个诸如 Vifa、B&O 之类貌美而质优的音响。

北欧人喜欢旅行，也喜欢在路途上买几样当地的纪念品，这也就是我们经常能在他们家中发现异域元素的原因。

北欧人虽然和我们一样喜欢买买买，但他们从来都不乱买。那些虚有其表的物件他们是肯定不会下手的，而那些他们认为没有办法增加自己生活质感的物件同样入不了他们的法眼。当我们花上几万元去买包包时他们会花费几百欧元购入一套餐具；当我们努力工作只为换一辆新车时他们关注的是自家车上的那个儿童座椅是不是应该换新了……

什么该买什么不该买，虽然每一个北欧人对此都有一套自己的准则，但大方向总归只有一个：只买那些能够增强生活幸福感的东西。比如一口炖汤用的铸铁锅，比如一套贴身的床品，还有放花的花瓶以及叉蜡烛的烛台之类的物件。虽然这些物件可能看上去平淡无奇，但要知道北欧人在这些生活器物上的花费占据了他们收入的很大一部分。

这些东西又没办法带出门，也没办法向身边的朋友炫耀，那么在它们身上花费巨款又有什么意义？很多人可能并不理解北欧人的这种做法，甚至觉得他们有点“愚蠢”。那么北欧人真的愚蠢吗？不，他们其实比我们当中的任何人都要聪明。

他们不会在意旁人的眼光，这样就给自己省却了不少的烦恼。他们只关注自己的内心，因此他们知道自己最需要的究竟是什么。他们不会好高骛远，也不会追求那些虚无缥缈的海市蜃楼，他们专注于自己当下的需求，并努力朝着目的地前进。

也许我们没法理解他们对于成功的定义，但他们却依旧不管不顾地活在他们的那个小世界里：喊上挚友来家里喝上一杯下午茶，享受一个宁静而温暖的午后；呼上三五好友在自家院子里开一个“音乐趴”，慢慢地嘬着一杯本就不多的酒，随着节奏轻声交谈；周末带上全家来到林中的度假小屋，关上手机电脑，与爱人、孩子们远离城市中的喧扰……

就跟北欧人的家总带给我们干净与清爽的感觉一样，北欧人的生活也是如此简单而又美好。他们会时常摆弄家里的家具和装饰品，把它们从卧室挪到客厅再换到厨房，或是简单地将沙发或是床调换一个方向；他们会定期检查自己的衣柜与储物间，看看里面是不是有自己冲动的惩罚；他们永远自备一套做手工的工具，因为他们时常会一时兴起想要大展身手一番；他们的柜子里可能储藏着数量可观的蜡烛，因为他们最享受这种别样的光明与温暖……

“好山好水好风光，但就是太无聊。”虽然有一些来国内留学工作的北欧人会自嘲北欧的生活比不上国内那般丰富多彩，但远在大陆彼岸的那群人却依旧自得其乐地生活着，而且生活得远比我们想象中要幸福。快乐只是短暂的欢愉，只有幸福才是长久的陪伴。这就是北欧人对于生活的态度，这也是对他们生活方式的最佳诠释。

有人这样描述家、生活方式与生活态度这三者之间的关系：我们对于生活的态度决定了我们平时生活中的样子，而这种生活方式又以另外一种形式体现在了我们的家中。所以想要拥有一个美好的北欧之家，我们不仅要改变以往的生活方式，更重要的是想明白以一种什么姿态面对以后的生活。

北欧君

马格达莱娜
不要把家填满

不好高骛远，不追求虚无缥缈的事物，只关注眼下自己的需求，只听从自己内心的声音。你可能会说他们不懂得未雨绸缪，却不知他们活在当下的幸福。

在瑞典的南部坐落着一个叫作“龙纳比（Ronneby）”的小镇，小镇的名字有一个非常有意思的含义——位于咆哮河流上的村落，而紧挨着小镇的就是瑞典现存唯一的巴洛克风格海滨小城卡尔斯克鲁纳（Karlskrona）。今天我们要拜访的马格达莱娜的家就坐落于龙纳比这个小镇上，而卡尔斯克鲁纳则是她曾经工作的城市。

给生活留出惊喜的空间

辞职以前的马格达莱娜是一名普通的女白领，同其他的人一样每天都会开车去卡尔斯克鲁纳市区的爱立信公司上班。这种枯燥的白领生活占据了马格达莱娜生命中很长的一段时光，直到去年冬天。在那个时候她突然发现自己对繁复而冗杂的工作产生了厌倦之情。而刚巧丈夫麦克所经营的小公司需要人手，马格达莱娜就此告别了在爱立信公司的生涯，准备与丈夫一起经营属于他们自己的事业。

也许是被马格达莱娜的决心所打动，在经过协商之后公司决定给她一年的时间去尝试新的工作，同时为她保留原职。如果最后她发现还是原来的工作更适合她，那么公司的大门还是会随时向她敞开。在瑞典这样为离职员工保留原来职务的情况并不少见，非常多的公司很关注员工个人的发展，愿意给员工各种尝试的空间。

马格达莱娜家是一栋在北欧非常常见的二层小楼，外表看上去很新，好像

▲ 马格达莱娜

是近些年新建的一样。但事实上这是一栋建于 1940 年的老宅，如果不是马格达莱娜亲口告诉我们，恐怕无论如何我们也想不到。

那栋老房子其实只占现有规模的一部分，从最初的 90 平方米，经过三次大大小小的扩建后它才变成了现在的模样，面积也扩大到了现在的 160 平方米。在瑞典这样的扩建方案非常普遍，只要房主一家认为有必要就会立马着手改建的事宜，虽然扩建的工程需要向当地的有关部门申请，但一般情况下都不会被拒绝，手续也是十分方便。

生活在城市中的我们可能对这种做法有些不解：为什么不一次性扩建到位呢？这样折腾多麻烦啊！而在马格达莱娜看来却并非如此，因为她对房子从来没有追求“一步到位”的想法。相反，她和麦克考虑的是家人当下的需要，然后拟定最符合现实的方案，最后才将心中的想法付诸实践。

2004 年当她和丈夫刚搬进这所房子中时两人的大女儿还很小，小女儿也未出生。所以那时两人只是把客厅扩建了一番，好让一楼的空间变得更加宽敞。接着小女儿出世了，为了能让两个女儿拥有彼此独立的空间，两人这才又在客厅的正上方扩建了二楼，并在那里设置了两个对称的儿童房。而随着丈夫把公司从哥德堡搬回家中，对于一个宽敞书房的需求又摆在了夫妻二人的面前，于是乎两人只得又在二楼的另一边扩建一个大大的书房用作办公。

当我们大家都以为扩建的工程就到此为止了，马格达莱娜又向我们透露了最近的变化：为了避免天天足不出户与社会脱节，两人在市区租了一间新的办公室，因此原来用作办公的书房也就随之空了出来。如今那里只是用来存放部

▲ 对于玄关来说，没有什么比干净清爽更能让人感受到发自内心的轻松感。

分工作文件以及孩子们的各类书籍，所有的物件也都被整整齐齐地分类储存在柜子里。

回过头来看看总想着“一步到位”的我们，是不是有点太急功近利了呢？我们总是恨不能一次性把所有的家具和装饰品买齐，甚至在装修还未动工时就确认了未来家的具体模样，却不曾想到每一天的我们都在改变，谁也不知道明天或是后天到底有什么惊喜在等待着我们。

站在屋外闲聊了一会儿，接着马格达莱娜打开大门将我们迎入她家，而第一眼呈现在我们面前的就是这个简洁而干净的玄关空间。没有想象中地面上那乱丢一气的鞋子，也没有想象中的顶天立地的大储物柜，除了一张带有储物功能的换鞋凳和一个鞋柜，一幅装饰画和鲜花绿植就是我们能够看到的一切。简简单单却又轻松自在，从玄关的布置上我们差不多就能想象到接下来展现在我们面前的究竟是一幅怎样的画面。

因为玄关是以白色为主，因此鞋柜上的这一抹绿意在我们进门的那个刹那就牢牢地吸引了我们的目光。即使花还未盛开，即使花香还未四散开来，但它就像一只小精灵一般让这个平淡无奇的玄关瞬间活跃了起来。马格达莱娜告诉我们她常年都会在这里摆放当季的鲜花或是绿植，因为这些小细节不仅扫去了这个空间的枯燥，还给一家人都带去了一份灿烂的好心情。

▼ 一个家的主人是不是真的懂得生活其实从玄关的装饰就能略窥一二。

玄关

玄关就像香水的前调，看似不够显眼，却是一段路的必经之处。一个小而不显眼的玄关，要承载的活动却很多：

和人寒暄—> 放置随身物品—> 脱外套—> 换鞋……另外，多少快递、购物袋都经常因为懒癌发作而堆积在玄关，不用多说了吧？

每次去朋友家做客，只要我们多留点心就能在玄关处略窥出主人的一点小喜好和小风格。毕竟一个家的第一印象，在玄关处就形成了：

1. 网红家居爱好者。她们大同小异地时髦着，喜欢在玄关堆满当季流行元素。这种感觉就好像面对"angelaadult"的脸，你们嘴上说，不要美得没特点，但真长自己脸上了还是会美得恨不得每天照 300 遍镜子。比较有代表性的就是：大镜子 + 挂衣架 + 长条板凳 + 藤条或者细丝金属收纳筐，再搭配些常见绿植、当季鲜花之类的。

2. 有点车龄的家居司机。她们多半已经不满足于照搬网红家居元素了，而是学会了在已有的元素上进行二次创造，以凸显自己的风格：比如用双开门陈列书柜收纳鞋子。发掘家具通用性能的玩法是她们的长处，她们在家居的世界里信手拈来，打破常规，从而自得其乐。

3. 极简洁癖派。干净整洁就是这一类住户对玄关的最大硬性功能要求。之前在丹麦住市区小户型的公寓时，就经常碰到这一类风格：玄关处的家居用品寥寥无几，但从挂钩到座椅，每一件都出自丹麦国宝级设计品牌，质感一用就能感觉到。哥本哈根的房价对当地年轻人来说也非常高昂，能买一栋小户型公寓也是一种人生阶段。喜欢好设计却买不起太多，更没有多余的地方摆弄，不如买少买精。

4. 温馨实用派。 生活中有太多断不了、舍不下、离不开的东西。如果精简到底对你来说很困难，那就把各种杂物整理成好看的样子吧。其实也是北欧年轻人家里见得最多的玄关样子。不求完美。温馨的烟火气也是一种美好的氛围。巧用收纳产品收起影响风格的物品，其他的常用个人物品比如围巾、帽子，还是留在外面。

5. 个性表达派。 这是一种要求比较高的路线。一个有心的家，连玄关都是有风格的。一进门就是一种氛围，一种情景。站在玄关处，你就能读出主人所追求的风格：复古，工业，艺术……如果你已心有所属，只需随心就能轻车熟路；如果还没有发现自己的个性，那便无从表达，还需等待时机了。所以说，家居于我们，不只是物质的外在装饰，更是发现自己内在个性的途径。

6. 土木派。 很多北欧人喜欢在门口做内嵌式的储物空间，加块遮挡的帘子；或者干脆就把离大门最近的小房间变成衣帽间，满足全家人及客人的需要。这工程虽大，但是效果确实好。

穿过走廊是一层公共空间，而首先映入眼帘的就是张能够坐下十几个人的大餐桌。和我们国内的风俗类似，欧洲人也把一家人的聚餐时刻看得尤为重要。每当圣诞、新年这些重要的节假日，父母、亲友等一大家子人就会团聚在一起享用一顿丰盛的美食来维系家人之间的亲密关系。这个时候马格达莱娜和丈夫就会提前铺上桌布，插上鲜花，再精心地摆好餐具，等待亲友们的到来。两口

▲ 餐桌可不仅仅是用来吃饭的，它还能成为一张办公桌或是做手工用的工作台。

子从一大早就开始忙活，当我们抵达时一切都已准备停当，让本就饥肠辘辘的我们恨不得立刻就坐下来大快朵颐一番。

我们抵达的时刻正是一天中阳光最为充足的时分，光线从周围的窗户透进来打亮了这个以白色为主的空间，仿佛来时路途上的疲乏也被这调皮的阳光赶跑了，心情顿时就明亮了起来。宽敞的空间、开阔的视野再加上大面积白色所带来的轻盈感，这个时候的我们突然间对白色这种色彩又有了新的理解——清冷？单调？这些让人感觉不适的词汇其实跟大面积的白色并没有绝对的关联。只要整个屋子能被阳光填满，那我们感受到的就是温暖、恬淡。

当天刚好是马格达莱娜的 40 岁生日，所以餐桌上摆满了她喜欢的淡粉色玫

▲ 小餐桌虽比不上大餐桌那么宽敞，但它也有自己的优势——拉近用餐者之间的关系。

瑰和印着“40”的餐巾。北欧女人大多对自己的年龄非常坦然，并不觉得渐长的年龄是一种劣势。与年轻的小姑娘相比，生活阅历和从中学到的对生活的坦然让她们显得尤为自信，而这种自信很大程度上来源于社会积极的反馈。作为一个连男人都大大方方出来声称自己是女权主义者的国家，不论男人女人，都能感到被整个社会温柔相待，而这份温柔来自于真正的平等和独立。

在大餐桌的旁边有一张稍小的餐桌，马格达莱娜告诉我们其实这才是一家人平日里用餐的地方。因为旁边的那张大餐桌对于一个四口之家来说实在是太大了，要知道餐桌越大，用餐的人彼此之间就会离得越远，这样子可是会影响到亲人之间的紧密关系的。所以除了有客人来访，那张大餐桌平日里一直充当着工作桌的角色，放上笔记本电脑就可以工作，周末还可以跟两个女儿一起在这里做做小手工。

墙角的那架黑色钢琴其实在我们刚进来的时候就注意到了，毕竟黑色的它在以白色为主的空间中格外惹人瞩目。当我们以为这是夫妇二人为两个女儿所准备时，马格达莱娜却告诉我们其实她才是这架钢琴的主人。原来爱好音乐的马格达莱娜自八岁起开始学琴，即使在接下来的年月里因为各种各样的事情把它耽搁了，但只要兴头上来了，她还是会偶尔在键盘的前方，用一首亲手弹奏的曲子来为自己的生活增添一丝情趣。

钢琴旁的餐边柜虽然不如优雅的钢琴那般惹眼，但当我们亲手抚摸着它那不再光洁如初的表面，那淡淡的斑驳感在一堆同样充满复古气息的小摆件的映衬下好像正与我们诉说着一个很久都没有人听过的故事。特别是在马格达莱娜加上了一盆绿植和一幅在感官上冲击力极强的装饰画后，那种视觉上的碰撞显得格外耐人寻味。

看到我们站在这里看得出了神，马格达莱娜告诉我们这些都是她从跳蚤市场上收获来的战利品，而那幅装饰画则是夫妻二人在外地旅游时顺手淘来的。

穿过钢琴和餐桌我们就来到了由两把扶手椅充当主角的“休闲区”。比起正儿八经的客厅，马格达莱娜告诉我们其实这个角落才是她最钟爱的场所。除了这些家具自他们搬进来之后就再也没有换过，这个角落也是她家使用频率最高的几个地方之一。不管是被雨水打湿的清晨还是阳光曚昽的午后，马格达莱娜总会在宽大的扶手椅里。一杯清茶就着那一份慵懒就能打发一段闲暇的时光。

▲ 即使是一个不起眼的小角落也需要我们花心思去装饰它。

▲ 不管是午后的小憩还是深夜的独处，一把宽厚的扶手椅都能带给你无与伦比的安全感。

而当黑夜的帷幕缓缓地合上，马格达莱娜也会倒上两杯红酒，和丈夫一起在这里聊聊天，谈谈生活中的趣事，讨论一番日后的规划，这两张扶手椅也在这个时刻成了他们爱情与亲情的见证者。

被阳光眷顾的地方自然是少不了鲜花的相伴。在扶手椅旁的小茶几上，马格达莱娜会不定期地更换鲜花的种类，有些时候是风信子，有些时候是芍药……

“它们总能让我的心情好起来，即使是生活上或是工作中有什么不顺心的事，只要看到它们，心里就会没来由地感觉舒畅。”马格达莱娜说道。

▲ 打理花卉植物虽然有些麻烦，但只要你用心地去照顾它们，它们总能带给你意想不到的惊喜。

花盆

当我们把所有的注意力都集中在那朵鲜艳的花儿的时候也不要忘了它底下的花盆。虽然鲜花才是那个主角，但是没有花盆的衬托它也没有办法展现全部的魅力。而如果我们选了一款不合适的花盆，那么更是会让精心挑选的鲜花也变得无所适从。

如果大家曾经也养过一些花花草草，那么肯定知道我们在挑选花盆上所花的功夫其实并不比挑选植物和鲜花要来得少。因为花盆的造型、材质和颜色都不尽相同，而每一款花盆更是有着只属于它们的独特气质。如何结合我们自家的风格、色调来挑选一款仿佛为我们量身定做的花盆更是需要我们花上不少的时间和精力去寻找。

在一众现代家具中掺杂一些复古、传统的元素会让整个空间看上去更加有趣。

让我们先来看看马格达莱娜的选择——白色陶瓷花盆。因为在它附近的墙壁和扶手椅都是白色，这样同色的它就能很好地与周围的环境融为一体。如果不仔细看，我们很容易就会不自觉地忽略掉花盆的存在，而把所有的注意力都放在鲜花的身上。选择一款与周围环境相融的花盆不仅能制造视觉焦点，还能减轻视觉负担，这正是马格达莱娜想要达到的效果。

除了洁白典雅的陶瓷花盆，当然还有自然朴素的红陶、厚重清冷的混凝土、锈迹斑斑的铁皮花盆等等。我们不妨试着将马格达莱娜家的花盆替换成上面所说的几种，有没有发现即使是同一种植物，在不同的花盆中也会呈现完全不同的视觉效果呢？

可能大家都听过“细节体现品位”这个说法，在家居设计中对于细节的把握更是能够体现一个人的审美水平。虽然一楼的公共空间整体上给人一种非常简洁的感觉，但其实在一些小的细节处理上我们很容易就能体会马格达莱娜的细心。除了之前那个钢琴旁的复古柜子，这个大餐桌和沙发之间的小夹缝也是很有意思。

在这里马格达莱娜别出心裁地放置了一把与周围的白色家具风格不同的木质扶手椅，可能从整体上看它的存在显得微不足道，但只要一走到这附近我们就能注意到它。正因为它与周围的环境不相容，它在我们视觉上制造出的这一点小小的冲突却让这个角落顿时变得生动起来。

不管是特意制造视觉冲突还是将某个物件融入周围的环境中去，也许从整体看这些小细节好像可有可无，但它们存在的意义恰恰是为了丰富我们的视觉体验。毕竟谁不喜欢一个看上去和谐但又充满小惊喜的空间呢?

说到惊喜我们当然不能忽略了北欧人那见缝插针的储物本领，之前我们在网上搜索北欧家居图片时总是好奇他们的家为何总是那么干净整洁，但与此同时那些用于储物的大柜子却从未展现在我们眼前。其实这里面并没有多大的秘密可言，他们只是将一些我们很容易就会忽视的边边角角利用了起来，正如我们现在看到的这间储藏室。

▲ 北欧人所重视的可不仅仅是外表，有时候比起外表他们更注重的是使用体验，如果两者兼得那自然是再好不过的了。

▲ 总有人担心全白的空间会带来不舒适的观感，但在有些不甚宽敞的空间中却没有什么比全白更能带给我们轻松、愉悦的感觉。

它位于厨房旁边的走廊里，因为柜门和把手的样式都十分简洁而且颜色也与周围的白墙一致，所以如果我们不细看，很容易就忽略掉了它。在这里面存放着一些平时不常用的厨房电器、闲置的锅碗瓢盆和各种零零碎碎的调料、小工具等。虽然这里的东西应有尽有，但每个物件都被整整齐齐地摆放在开放式的搁架上，一目了然且不显得杂乱。

在这个储藏间当中还存在一个让我们为之惊喜的物件——自动感应的灯光，它是马格达莱娜的丈夫麦克在前不久翻修的时候才加上的。对于这个新鲜的玩意儿马格达莱娜尤为推崇，极力地推荐我们也在自己的家中使用。毕竟只要装好了这玩意儿，之后再也不需要在打开柜门之后还得摸黑找开关了，这点小细节对于生活品质的提升是不言而喻的。

我们跟随马格达莱娜顺着楼梯来到二楼，那里坐落着卧室、书房和两个女儿的儿童房。循着木地板那轻微的吱吱作响，当我们迈过最后一个台阶站在走廊上，看着阳光从另一头的小窗中倾泻在白色的地面，恍惚间有种漫步云端的错觉。没有印象中走廊那种昏暗与狭窄的感觉，白色的地板、白色的墙面和白色的房顶共同营造出了一个好似仙境般空灵的氛围，让人忘了这其实只是一条连接二楼所有房间的走廊而已。

马格达莱娜首先带我们来到了他们的主卧，进门之前我们原本以为主卧也会和之前看到的其他空间一样简洁而轻盈，但当房门打开的那一刻我们简直不敢相信会看到一面如此“花哨”的墙壁。

▼ 当你对当下的生活感觉厌倦的时候不妨试着做一些改变，比如和马格达莱娜一样给卧室换一款自己梦寐以求的壁纸。

“说实话麦克和我当初也担心它是不是太过于花哨，为此我们犹豫了很久。最后为了保险起见，我把卧室里的床品、枕套这些都换成了白色，这样子总算看上去舒服多了。”

“为什么突然会想到换墙纸呢？”“厌倦了原来的样子呗，而且墙纸上的花朵图案恰恰是我最喜欢的，因此我毫不犹豫地就买下了它。”虽然北欧人民经常嘲笑自己非常保守，但近些年来一些年纪不小的人也慢慢地开始尝试一些以前想都不敢想的配色和图案。至于风向为什么变了，这个问题连他们自己都说不清。

窗帘

看到马格达莱娜家的纯白窗帘，再看看我们自己家那花红柳绿或臃肿无比的窗帘，不知道此时的大家是不是有种想把家里窗帘换个遍儿的冲动呢！可是去卖窗帘的店铺逛逛我们却发现摆在最显眼位置的要么是锦缎要么是丝绸，它们和北欧风可是不太搭。那些雍容而华丽的窗帘在其他风格中很常见，但在北欧当地却没什么市场。因为它们太过于臃肿而沉重，和北欧人追求的轻松愉悦实在是差之千里。那么什么样的窗帘才适合北欧风呢？

首先从材质说起，不同于我们经常见到的雪尼尔、绸缎和涤纶，北欧人偏好更质朴更贴近大自然的棉和亚麻，因为它们的纹理和气质能很好地与周围的环境融为一体，不会成为突兀的存在。

其次是颜色与图案，虽然在有些家居达人的家中我们会看到很有个性很出彩的窗帘，但他们之所以敢这么做完全是因为他们有能力 hold 住它们，而更多的普通的北欧人家里则出现的是亚麻和灰色的纯色窗帘。这两种颜色有着如此高的出镜率同样是因为它们与周围环境的兼容性，先不说作为无彩色的灰色能与绝大多数的颜色搭配在一起，与地板颜色相近的亚麻色系也能够与地板形成一个视觉上的完美过渡。至于彩色的窗帘也并非没有它的容身之处，只是在空间不够大、层高不理想的情况下贸然地选择一种色彩实在是太过于冒险，况且如此大的色块长期出现在我们眼前还会对我们的心理造成不小的冲击。

除了布艺窗帘，要想增加它的层次感我们当然不能忘了它的好搭档——那一层薄薄的白纱。这种朦胧的感觉仿佛遮盖于美人脸上的面纱，让室内和室外这两个空间的关系都变得暧昧起来，不管是黑夜还是白天都能给家增添一抹别样的意境和情趣。在市面上虽然也有别的颜色的纱帘，但在北欧风当中白纱永远是最正确也是最百搭的颜色，因此我们要做的仅仅是好好地挑选纱帘上那些细微的图案即可。

说完了布帘和纱帘，其实被我们嫌弃的卷帘和百叶帘在北欧也非常常见。卷帘虽然其貌不扬但胜在简洁实用，而百叶帘也有它的妙处——在阳光晴好的时分它所制造出来的光影会随着太阳的脚步移动，无意间就在家中为我们播放了一部独一无二的蒙太奇。

衣柜

北欧风的衣柜都是什么样式的？大家可能对这个问题感到很好奇，在网上看了那么多的图片之后回头想想，好像从来没有发现过哪里有他们的衣柜。这其中当然有拍照时角度选择的缘故，但衣柜这个物件这么容易被大家忽略也自然有其中的奥妙。

让我们看看马格达莱娜家的主卧，我们的视觉是不是第一眼就被床头的那面墙纸所吸引，而位于照片左侧的衣柜是不是被我们无意中忽略了呢？这其实就是北欧风衣柜的奥秘——尽可能地降低存在感，与周围的环境融为一体。在柜门的选择上马格达莱娜选择了垂直的线条纹理，与天花板所用的木板宽度接近一致。而在色彩上，白色的哑光质感在周围的白墙之中也不会显得突兀。

而如果马格达莱娜放弃了白色的衣柜而选择其他颜色和款式的衣柜会出现什么情况呢？结果就是衣柜与墙纸在视觉上形成对冲，不仅会让空间显得狭小，还会扼杀北欧风那标志性的空灵感。因此在我们实际装修的时候也不妨参考下马格达莱娜的做法，选择白色平板的柜门或是柜门的样式非常简约的，让衣柜与周围的墙面在视觉上融为一体。因为只有这样我们的视觉才能在以床为中心的区域找到焦点，否则会在视觉上造成混乱。

如果你担心白色的衣柜太过于单调，那么不妨在把手上下一番心思，让黄铜、红铜或是大理石等这些与衣柜有明显对比的材质成为我们视觉上的点睛之笔。

除了衣柜的外观，大家在定制衣柜时还会碰到一个烦恼——要不要做到顶？其实到顶和不到顶在北欧都很常见：

1. 衣柜到顶，这样能让衣柜的储物功能最大化，但是缺点是在视觉上会有些压抑；

2. 衣柜的顶部与天花板之间留一个 40–50 厘米左右的空间。这样子不仅能减轻我们视觉上的压抑，而且我们还可以用储物盒子塞满这个间隙，最大化地降低储物功能的损失。当然它的一个缺点也显而易见——衣柜的顶部很容易积灰，打扫起来颇为不易。

这两种做法各有优劣，至于在自己家中选择它们当中的哪一种就请大家自己去思考吧。

卧室的隔壁就是原来被用作办公室的书房了。自从两人将工作从家里搬了出去，原来被挤得满满当当的空间顿时就空旷了起来。现在这里只是用来存放部分工作的文件以及孩子们的书籍， 说不定等孩子们长大了，这里就会成为她们学习的地方了。

在主卧和儿童房之间还有一块算得上宽敞的地方，如今这儿被一家人当作娱乐室。虽然空间算不上拥挤，但一面的角落摆放着沙发，而另一面则放着电视和电视柜。考虑到这里平时用得并不多，因此一家人也就勉为其难地接受了现状。

要说这里最大的顽疾就是那倾斜的屋顶，层高并不高，采光也不理想，这样的空间很容易让人感觉到压抑。正当我们为此感到惋惜时马格达莱娜却告诉我们这儿马上就要大变样了，最近一段时间一家人都在为如何改变它而讨论得

▲ 简洁、宽敞而又明亮，马格达莱娜家的书房是不是我们想象中自家书房的模样呢？

▲ 这就是那个一家人正在商量着如何来改造的娱乐室。

▲ 没有什么比白色哑光的电视柜更适合白墙了。

不亦乐乎。目前定下的方案是用一张浅色的沙发来替代现在的这一张，然后在屋顶或是墙壁上加上一些灯光，好让这个阳光照射不到的角落来得更加明亮。

电视柜

不少人都很好奇北欧人家中的电视柜到底是什么样，但如果我们说大多数北欧人民都喜欢和马格达莱娜家中一样的纯白电视柜不知道大家是否会感觉失望？特别是来自宜家的“贝达”组合更是其中的绝对明星。也许有人会觉得这样的电视柜太单调不够个性，但事实上它的优点可是不少：

1. 性价比超高。比起 Boconcept 这些高端品牌，贝达的价格只有它们的十分之一。但只要我们把它们放在一起比较却发现在外观上贝达并不会输给它们很多。它的性价比如此之高，也难怪北欧人会毫不犹豫地选择它，同时把省下来的金钱用在其他对整体效果提升更大的物件上。

2. 对空间整体效果的贡献。虽然贝达的柜门有许许多多的款式和颜色可选，但纯白哑光的平板柜门却毫无疑问地成了大家的首选。别看它不起眼，正是因为它的低调才能与周围的白色墙面融为一体，从而减轻我们的视觉负担。就比如马格达莱娜家中的这个小角落，我们的视觉焦点总能轻而易举地找到它的落脚之处——电视机和柜子上的装饰品。

虽然说白色的电视柜在北欧有着最高的出镜率，但也并不意味着这样子的电视柜统治了整个北欧，在某些人的家中我们同样可以发现一些不同的做法：

1. 舍弃电视柜。现如今采取壁挂的方式安装电视机已经能够被大多数人接受了，既然电视机已经不需要支撑，那么电视柜好像也就没有百分之百存在的必要了。特别是在我们家中的次卧或是一些空间捉襟见肘的小户型之中，舍弃电视柜换来更多的空间不失为一个可选的方案。

但是将电视柜移除之后我们又要考虑电视盒子该放哪里的问题，毕竟不是所有的电视机都是内嵌盒子的——用隐形挂架将盒子藏在电视机的背后，这样的架子在市面上很容易找到。至于电源线的隐藏问题也不难，在墙面中内嵌一根管道就能轻松解决。最后再在插座的上方安装一块搁板，既能把难看的插座挡在视线之外，又能提供一个摆放装饰品的平台，如此一番我们不就将移除电视柜所带来的所有负面影响都消除了吗？

2. 长凳。前面我们已经提到过在采取电视机壁挂的方式时使用一块搁板来挡住电视机下方那排碍眼的插座，其实除此之外我们还有另一种更为方便的办法来解决这个问题，那就是摆放一张长凳。因为一般长凳的高度都在40厘米左右，不多不少刚刚好能够挡住那一整排的插座。而且比起单一的搁板，在挑选长凳时我们的选择范围也要宽广得多，铁艺、原木、板材……如果你在餐厅也摆放了一张长凳来替代餐椅，那么家里的两张长凳还可以随时调换，分分钟就能给两个空间带来一些不一样的新鲜感。

3. 画架。学过画画的人肯定对它非常熟悉，即使你没有学过绘画也肯定见过它，要知道那些动辄几千万乃至上亿的传世名作都是在这里完成的。既然它能够托起画板，那只要经过固定处理，把电视机当作一块画板放在画架上自然也不会有什么问题。想象一下你拿着遥控器的样子，不正像一位画家拿着画笔在画板上肆意地发挥他心中的灵感吗？现在成为一名“艺术家”的机会就摆在你的面前，你难道不想去试试吗？

4. 复古边柜。逛各种各样的跳蚤市场是北欧人的日常爱好之一，也得益于他们那里经常会举行各种二手物品的售卖活动，因此在他们的家中我们经常会看到一些具有年代感的物件。可是到了我们国内，一般的城市都没有跳蚤市场，而有些城市的跳蚤市场离市区太远或是里面的货物质量太差，因此去找一些二手古董经销商也就成了我们为数不多的几个选择之一。

不过我们也不要气馁，闲暇时光去跳蚤市场或是古董家具店逛逛也不失为一项有意思的娱乐活动，说不定惊喜就在某个角落等待着你呢！

▲ 很难有人会想象一个如此“狂野”的卧室会属于一个乳臭未干的小姑娘吧！

▲ 一半当梳妆台一半当书桌，如此一桌两用的做法非常值得我们借鉴。

▲ 有些好习惯必须从小培养，比如玛雅就会把自己的化妆用品整理得干净又整齐。

房间的性格

在二楼的另一边就是两个孩子的儿童房了，我们首先来到的是马格达莱娜的小女儿希瑞（Siri）的卧室。当门被推开的一刹那，看着粉红色的床单和绿色的豹纹壁纸我们着实有点吃惊。虽然从一进门开始活泼的希瑞就给我们留下了深刻的印象，但如此大胆的色彩和元素出现在一个小女孩的房间里我们可真的没有预料到。

看着眼前的这一切我们的脑海中不仅浮现出一句话：干什么事都要从娃娃抓起。原来在培养家居审美的这件事儿上马格达莱娜在两个孩子还很小的时候就鼓励她们为自己的房间拿主意。从墙纸到家具，我们看到的每一个物件都是希瑞亲自选择的。夫妇二人虽然会给一些适当的建议，但最终的决定权还在她自己的手上。

比如我们眼前的这个储物柜就是马格达莱娜建议希瑞购买的，因为她的玩具实在是太多了，而且“玩具迷”的她还什么都舍不得丢掉。原来玩具不多的时候倒还好，但随着希瑞一天天地长大，她的玩具也越来越多，这就导致了原本就不大的空间更是捉襟见肘。还好现在有了这几个柜子，希瑞每次在玩耍过后就会在妈妈的监督下自己收拾玩具，然后放进柜子中。如此整洁的模样才是一个小女孩的卧室应该有的样子嘛！

相比起闹腾的希瑞，姐姐玛雅（Maya）就让妈妈省心得多。别看她现在年纪还不大，但 Maya 对化妆却有着格外的兴趣，各式各样的香水和化妆品更是让她爱不释手。鉴于她的化妆品比较多，马格达莱娜就建议她购买一张长长的

▲ 我们之前还担心豹纹的狂野会对小孩子造成不好的影响，但玛雅和希瑞姐妹俩的乖巧和独立却让这股担忧烟消云散。

▲ 姐姐玛雅和妹妹希瑞。

桌子，一半当梳妆台，另一半当书桌。当然抽屉柜也是少不了的，这样子才可以把她所有的护肤乳液、香水之类的东西收纳进其中。

与“不自觉”的妹妹不同，玛雅每次化完妆后都会将所有的物品整理得井井有条。看着桌面上这琳琅满目的化妆用品，我们不禁好奇小小年纪的玛雅怎么会对化妆如此感兴趣，毕竟我们自己在那个年纪可对此一窍不通。

“因为我是女孩子嘛，女孩子就应该漂漂亮亮的！”玛雅略带羞涩地说道。

之前我们就听到过这样的一句话：“一个人的性格如何只要看他的房间就能知晓。”在看完姐妹俩两个风格完全不同的卧室，再对比她们给我们的印象之后，我们也算亲身地体会到了这句话的真谛。比如希瑞房间中那大胆而新奇的床单和壁纸就能反映刚上小学的希瑞是有多么活泼开朗，而小学快毕业的玛雅就显得更为安静内敛，从她那简洁而又精致，也没有太多色彩的房间中我们就能略窥一二。

理想风格的定义

“什么风格在你看来是最棒的？”“首先，一定要明亮，这也是我家的墙壁大多都是白色的原因；其次，不管选择什么样的色彩和什么款式家具，它们都必须给家带来温馨感和愉悦感。”

除了家具的颜色和款式上的考量，马格达莱娜对于鲜花格外情有独钟，特别是粉红、湖蓝、薄荷绿之类的马卡龙色。为了能让家里每天都有鲜花的陪伴，

▲ 茶几上的花骨朵儿在阳光的抚慰下显得格外娇嫩迷人。

每个星期马格达莱娜都会购买当季的鲜花，以确保家里的每一个角落都有一道生动的景色，而这也早已成为全家人的一种习惯。在瑞典的大小超市中都有一个鲜花专柜摆放在靠近出口的地方，于是人们可以在下班买菜时就能顺便带一束花回家，而不用专门跑一趟花店。

别看现在家里是如此漂亮又精致，其实在风格的选择上家人也是一路摸索出来的，自然也有过一些并不成功的尝试经历。比如丈夫马克曾经大胆地提议把墙壁刷成深色以带来一种沉稳的感觉，但是在尝试过后一家人却发现结果并不让人满意，于是又乖乖地刷回了白色。

有时候我们的内心总有一股小冲动想要把家换成另外一副面孔，但是层层的顾虑却总是会阻挠我们的步伐。日子一天天地过去，家也一直都是同一副模样。为什么我们不向马格达莱娜一家人学习呢，有什么想法就去大胆地尝试，即使失败了也不要紧，大不了重新回归原来的模样嘛！

经常碰到国内的一些读者过来咨询一些家居风格和细节，但是在给了相应的意见后，对方却会流露出“啊，我也想这样，可是怕爸妈、公婆不喜欢，他们比较喜欢这样……”的担忧。比如有一次帮一个朋友挑装饰画，搭配前我问她喜欢什么样题材内容的画，她说喜欢人体摄影类的。在我挑了几幅比较有艺术感的黑白人体摄影装饰画发过去后，电脑那头的她又迟疑了：唉，我自己是喜欢啊，但是我的爸妈和他的爸妈偶尔会来家里小住，估计不会喜欢，还是算了吧。

没错，家居一定要让住在里面的人感到心动。喜欢，才能产生幸福感。但是当家居风格的决定权遇到了不同文化背景里的家庭关系，就有点让人头痛了。

这点在北欧比较不成问题。北欧人的家庭观里，权利的界限是非常清晰的：所谓“一家人”就是核心家庭成员，夫妻俩，加上孩子和宠物。在核心家庭成员的范围里，每个人对家居的要求都很重要，都会被平等地权衡。宠物虽然不会说话，但是主人也会为了它们的需要而购置相应的物件。至于其他亲戚，包括父母，来了是客人，也仅仅只是客人。你会做客吗？做客是不是需要尊重主人的家居风格呢？哪怕不喜欢别人的家居风格，我们也不会指手画脚地说：“你这个壁纸不好看，换成怎样怎样的比较好。”先不问喜欢给别人的家居提供建议的亲戚们够不够专业，就算够吧，也不应该有这个资格。想要折腾，折腾自己家就好了，干吗要把别人的家折腾成你喜欢的样子呢，难道就为了你来做客的那几天？

但回归现实，国内的家庭关系和北欧确实不同。首先，北欧的父母根本就没有为子女买房的传统。而在国内面对逆天的房价和不成正比的工资，没有爸妈的帮助想靠自己的努力买房简直比登天还难，居无定所四处租房的日子简直望不到头。在这种严峻的考验面前，有些人的爸妈慷慨地当起了最大的赞助商，付首付甚至全款买下。既然房子是父母出钱购买的，那么根据父母的喜好给一些家居建议也就无可厚非。但随之而来的问题是假如你真的乖乖听了爸妈的装修意见，那么家里的风格也就和北欧风没有什么关系了。更糟一点呢，估计和任何有颜值的风格都没有什么关系了。

因此面对这种情况的我们不妨换一个思路，见招拆招地学习如何阳奉阴违地搞北欧风且不让爸妈感到反感，而其中的关键则是把一些爸妈的要求用北欧风的方式来诠释。比如：

1. 长辈喜欢多一点色彩，不喜欢你把家里搞得太素，那就学习北欧风里除了黑白灰之外的色彩搭配技巧；

2. 长辈喜欢带花的图案，完全可以用一些图案比较清新的北欧风壁纸来满足；

3. 长辈喜欢“大气、稳重、端庄、高档……”，学学北欧风里的复古范儿，满足他们的一切想象。

家，随着生活而变

相信每一个买下这本书的人都对家居设计充满了浓浓的兴趣，沉醉在那一个个温馨而又甜美的家居空间好像就是世界上最幸福的事儿。在那遥远的北欧国度，家居设计更是成了一项不折不扣的国民爱好，不论职业、年龄和性别。走进加油站、便利店或是超市，我们都可以在货架上轻而易举地发现针对不同人群的各式各样的家居杂志。

虽然在通信科技公司做着与家居毫无关系的 HR 工作，但是和很多瑞典人一样，马格达莱娜也非常热爱设计。在家中客厅的一个角落里放着一只皮质的收纳筐，里面装着的就是满满当当的家居杂志。这些都是关注家居潮流的她每个月必买的，而且是一期不落。除此之外，在晚饭过后的那段时间她也会打开电视收看家居类的电视节目。看着节目组一步步地帮助普通的家庭提升家居的质感和生活的幸福，马格达莱娜总会在其中收获不少的感悟，不仅仅是家居设计上的，还有对于生活的细小的感悟。

“我不觉得装修是一件麻烦的事情，反而我们全家都很享受这个过程。满怀着对于不确定性的期待，我们在紧张的同时又能够收获不少的乐趣。而且我们的家会一直变，不过不是跟着潮流变，而是跟着我们自己生活的步伐变化。”

虽然走马观花地追逐着家居潮流，但马格达莱娜在打扮家里时仍自认为是保守多过勇敢，比起那些时髦的玩意儿她更加倾向于选择经典且不易过时、潮流感不是特别突出的东西。因为家居和时装不一样，时装爱好者总是可以不停地买买买，再多的衣服我们都可以把它们藏在衣柜中。但是家居爱好者就很难如此任性起来，一来是家里的空间有限，多了放不下；二来是新加入的风格如何与原本家中的风格相和谐也是一门不小的学问。

合适的才是最好的

作为一个瑞典人，马格达莱娜不可避免地要被我们问到她对于国民家居品牌宜家的看法。她坦言虽然也会买一些比较昂贵的设计师品牌，但这完全不妨碍她对价廉物美的宜家产品的青睐。设计师品牌和平价宜家的混搭也是很多北欧人都会选择的家居方案。

比如马格达莱娜曾经在一个买手店看中了一个设计师品牌的沙发，虽然价格实在昂贵，但对于沙发造型的喜爱导致一家人没怎么思考就把它搬回了家。不过好景不长，没多久全家就发现这张沙发不但坐感不佳，而且沙发的表面也容易起球，这对于家居空间的幸福感无疑是一道晴天霹雳。虽然转手卖掉会损失不少钱，但在讨论过后全家还是一致决定放弃它。

▼ 正在准备午餐的马格达莱娜和马克夫妇俩。

至于家里现在用的是什么沙发——那就是价格亲民的宜家，而且马格达莱娜对这张沙发也是觉得特别满意。在她看来，家居的舒适度是不可妥协的事情，哪怕一件家具外观再夺目，设计师再大牌，只要它不能满足家人对舒适性的基本要求，那么家里就没有它的容身之所。

不得不说北欧人似乎是天生就原则性很强的物种。他们总是能抵制住很多诱惑并在各种复杂的状况中仍然遵照自己的初心去做决定。你可以说他们不够灵活，可以说他们单纯，但也似乎可以说他们活得透彻。

厨房墙砖和地砖

工字型铺法的地铁砖、白色的柜门和黑色的橱柜台面，看到马格达莱娜家的厨房大家是不是有种很亲切的感觉呢？没错，这就是一个标准的北欧风厨房，而这只是众多做法当中的一种而已。如果你也想拥有一个纯洁得让空气都为之窒息的北欧风厨房，你还有以下的这些选择：

1. 墙砖

除了马格达莱娜家的地铁砖（长方形砖），北欧风厨房中还有两种常见的墙砖：正方形小白砖和面包砖。正方形小白砖和地铁砖一样表面都是平整的，而面包砖的四边则有 45 度的倒角，因此看上去会更有立体感。而在铺法上我们可以选择规规矩矩的工整型铺法，也可以如马格达莱娜一般选择更为俏皮的工字型铺法。值得注意的是墙砖与墙砖之间的美缝问题，黑色的缝会让视觉对比来得更加立体，而对比稍弱一些的灰色美缝则更适合空间并不大的小型厨房。

除了大面积的墙砖，在橱柜和吊柜之间那面墙的墙砖选择上我们除了与其余的墙面保持一致，也可以玩一些不同的花样，从而让厨房也变得生动活泼一些。其中在北欧最常见的有三种做法，一是用花砖，二是用马赛克，三则是一整块的大理石薄板。

在这三种做法中，图案繁复的花砖有些让人眼花缭乱，因此适合空间比较大的厨房。而马赛克因为比例比较密集，因此不适合大面积的铺法。最后剩下的大理石薄板则是最百搭的存在，而且石材那独一无二的纹理更是会为厨房增添一抹优雅的魅力。

2. 地砖

因为在北欧很多的厨房都是开放式的，因此很多人就选择把公共空间的木地板也用在厨房的区域，从而让整个公共空间的视觉整体感达到最佳的水准。而在我们国内想要将木地板铺在厨房虽然也行得通，但大多数人总还是心里有些膈应。毕竟木地板太过于娇贵，总怕不小心洒到地上的水迹和浓重的油烟会降低木地板的使用寿命。如果大家实在是对木地板接受不了，我们也一样可以使用瓷砖，那么什么样的瓷砖比较适合北欧风的厨房呢？

首先是黑色或是白色的瓷砖，因为墙面是白色的，所以同属中性色的它们搭配起来自然是没有任何问题。如果你嫌纯黑或纯白有些单调，那么不妨选择两者的混搭，格子型或是菱形的铺法都能让地面的视觉对比增强，从而让整个空间的气氛也活泼起来。

黑白瓷砖虽然百搭而且效果也不错，但是它们有个无法避免的缺憾——

不耐脏。白色的地面容不下任何的污渍，而黑色的地面如果有水迹没有及时擦干，那留下的水渍也难看得很。因此这里就有了一种折中的选择——灰色瓷砖。虽然在视觉效果上它与黑白瓷砖没法儿比，但它的耐脏程度却是其他两者比不了的。而且如果你选择了拥有水泥纹路的水泥砖，还能给厨房增添一抹隐隐然的粗犷的感觉。

除了黑白灰这三色瓷砖，其实前面在介绍墙砖时提到过的花砖也在我们的候选之列。只是大家要记住花砖的纹理不要太过于繁复，而且在色彩上最好选择黑白或是素净一些的色彩，这样的厨房地面才不会给我们带来眼花缭乱的错觉。

关于生活的一切幻想

说起北欧人的高幸福指数，很多的关注点都会落在盛名在外的社会福利上，却忽视了北欧人本身对幸福的简单需求，以及对出人头地的成功学的普遍无感。瑞典人很走心的一个词叫作“lagom”，即不多也不少。生活的一切，他们都喜欢追求一个 lagom：不用努力去艳压谁，比过谁，拥有最大的格局，赚最多的钱，买最大牌的限量奢侈品等等。很多当地人只是想做一个独一无二的“刚刚好”的普通人罢了。过着有质感的生活，对自己的当下状态有种平静的满意。想要拥有这样的心态确实需要一定的社会和物质土壤，所以对于很多国内的人来说，北欧模式并不是一条能轻易复制幸福的路径。但是，我却很开心能看到这种心态在国内得到越来越多的讨论。有讨论说明有思考。至少，大家能知道这个世界上有不止一种活法。慢慢地，我们可以不需要做那个“勇敢”或者是“另类”

的人，就能轻松选择自己想要的生活方式，而不是迫于周围人和社会的压力做一个“活得还算主流”的人。

当我们问起马格达莱娜心中的理想生活，她略微思索了一番然后告诉我们：

1. 一份喜欢的工作

2. 健康的家人

3. 亲人的陪伴

4. 南欧的假期（欧洲居民的跨省旅游）

这样的描述听起来质朴而且具体，其实这就是她现在生活的写照。和她短短的相处时间中，我们非常容易感到她是一个幸福的女人。那种放松的神态和手势，时时浮现在眼角的微笑细纹，聊到家人时带着柔光的眼神……什么是幸福？幸福就是一种写在身体的小细节里，飘在气氛里的结论：“嗯，这是个过得幸福的人。”

虽然很喜欢南欧的风情，但是马格达莱娜却认为自己永远都不会真的搬到那里去住。因为对她来说，瑞典才是最美好的定居地点：高品质的生活，自由平等的工作环境，贫富差距小的和谐社会……虽然北欧的冬季是出了名的糟糕，但是还可以跑到南欧去补充维生素 D 呀。要知道瑞典劳动法可是赋予了劳动人民们每年至少 5 周的年假时间，所以不用辞职就能来一次“说走就走”的旅行。而回到平常的生活，马格达莱娜最喜欢的就是在自家温馨的厨房里和老公一起做意大利菜，回忆那段在南欧度假的美好时光。

▲ 有人说专心做事的男人才是最帅的，看看我们眼前正专心致志做菜的马克，此言非虚！

▲ 一切都已经准备就绪，就等我们坐下开始大快朵颐了。

“我和老公想要的东西不太一样，但是我们沟通了很多，最后把我们的想法结合起来才有了现在的这个风格。我们两个人都热爱家居，也时常觉得自己的想法才是正确的。因此必要的交流和沟通十分必要，一言堂的情况在我们家是不存在的。在这些年里我们都买错过很多东西，也犯过很多装修的错。但是现在看看这个家我觉得还是很满意，因为这就是我想要的家。”

马格达莱娜的丈夫一直在厨房忙着为妻子烹饪生日大餐。突然，他萌萌地问我：“怎么办，中国读者会不会嘲笑我们的房子？我们毕竟不是家居专家啊！”第一次被拍摄采访，见惯了大场面的马克也显得有些害羞。

“没事的，你做你的菜，我们只想采访你老婆。”

北欧式的矫情与妥协

北欧人是我们碰到过的人中很爱矫情同时也很能妥协的一群人。

他们在生活中有很多固执到不可思议的坚持，比如住着学生宿舍也要竭尽全力地精心安排好自己的临时生活。如果你在开学报到的时候在校园里碰到很多拖车，看到里面装满了各式家具，还有前来帮忙的老爸老妈，也不用惊奇，这在北欧非常常见。还记得上学的时候有个一起写作业的瑞典同学，我们常去她的宿舍讨论功课。她家有一米四高的铜烛台，一整套的 New Wave 咖啡杯组和餐盘，带着丝绒防尘罩的一整套床上用品；后来也见过宿舍有一个小阳台的瑞典朋友，买了一个高品质的烧烤机，只为能好好享受夏天烧烤季的阳光；还有一进门，发现在宿舍里吊了一盏直径 2 米的 Vertigo 吊灯的同学……在学校其实也没有什么做面子工程的需要，只不过每个人都有着一根自己想坚持的舒适线。

但是瑞典人也有比较实在的一面，比如买了小公寓，就很自然地放弃追求气派的效果，绝不硬塞下大床、大沙发。为了结构的需要，瑞典人硬是可以在一间 60 平方米的公寓里爬梯子睡壁龛 (sovalkov)。听着似乎有点小可怜，其实也可以睡得舒适，而且还省下了很多活动面积，让小居室显得更加宽敞。

所以瑞典式的矫情也好，妥协也罢，出发点都是自己的喜好，而不是别人的看法。日常起居只用自己的舒适线去衡量，这件任性却理所当然的事，不知你是否真能做到呢？

安娜
看到不一样的天空

生活是自己的，评论是别人的，选择本身没有对错，在于自己对最终结果的感受。家可以是安定，是归属。家也可以是迁徙，是变换。

在房子成为生活必需品的今天，如果问起买房的初衷大家的回答肯定是众说纷纭。但除去买房投资这种行为，想必让大家宁愿成为一名房奴也要买房的原因无非就是想要一个温暖而熟悉的家和一份平淡与安定的生活。没有人愿意一辈子像一朵无根的浮萍在水面上漫无目的地漂泊，我们的内心总是渴望找到那片能够扎根的土壤。不管它是贫瘠还是干涸，最起码我们的内心有了归处，那份缥缈的安全感也终于有了着落。

虽然这是我们大多数人的追求，但这个世界上总是有人与众不同，比起其他人向往的安全感他们更在意的是生活有没有新意，每天早上睁开眼的那一瞬间是否能够看见一片不一样的天空。就比如今天我们要去拜访的安娜（Anna）和拉尔斯（Lars），我们很难想象他们每隔几个月就换一次新家，而且每换一次家他们都会对新家进行一次彻头彻尾的大改造。

他们为什么要这么做呢？难道他们就不渴望那份安定的生活吗？如果想要了解其中的真相，就让我们一起去哥本哈根走上一遭吧！

只要是好东西就值得翻修

“一间时髦如珍宝的公寓”，这就是安娜和拉尔斯在一家家居网站上给自己的家添加的描述。当我们看到上面这张配图时简直是毫不犹豫地就打开了链接。毕竟在一片茫茫的黑白灰中我们真的很难不注意到这间精致又不羁的公寓。

▲ 没有人能够拒绝一个精致而优雅的空间，也难怪当我们第一眼看到它的刹那就沉醉得无法自拔。

到哥本哈根的时候正是中午，循着安娜留下的地址我们在不知不觉中就走进了一条漂亮而又精致的小巷子。站在路旁环顾四周，在懒洋洋的阳光下我们可以明显地感觉到这片街区在安静表面下隐藏着的活跃气氛。抬头看去，不远处的咖啡馆竟然不管不顾地挤到了路的中间，虽然和对面的露天水果摊看似相安无事，但实则在争抢最后的一点街道上的空隙。习惯了国内街道的各种嘈杂和拥挤，这条看似平静但实际上活力十足的小巷子竟然让我们痴痴地看出了神。

正当我们正在努力寻找门牌号的时候，一个精壮的中年人突然跳到了我们面前，原来他就是安娜的丈夫拉尔斯。他掏出一把钥匙打开了旁边一扇狭窄的门将我们领了进去，而在几分钟前我们甚至完全没有注意到这扇狭窄的门，也

▼ 自信的安娜正慵懒地靠在沙发上，一如眼前的这束芍药一般优雅。

没有想象到他那宽敞的公寓竟然隐藏在这么一个不起眼的入口之中。

安娜和拉尔斯是今年一月搬进这间公寓的，我们去采访的时候是五月，恰是春夏交接之际。随着拉尔斯走进他们的家，安娜正坐在沙发上等待着我们的到来。客厅的茶几上摆放着一束新鲜的芍药，那副娇艳欲滴的模样惹得安娜时不时地用手挑逗那娇嫩的花瓣。在交谈中我们得知今天正赶上他们卖房，怪不得窗子外插着一面房产中介的“看房日”宣传小旗子，而这些花也是她专门凑着看房日的日期精心挑选的。

常常听人说“破车才老是需要修呢”。在很多人看来，东西坏了，不好用了，不喜欢了，扔了买新的就好，何必费那么大的劲去修呢？但在北欧人的眼中却并非如此。在他们看来只要是好东西就值得不断翻修，比如房子，比如家具……安娜就是这么一个人——一个翻修狂人。在过去的十五年里，她一直沉迷于老房子翻新设计，但都是在自己工作之余的业余时间来完成。直到一两年前她才开始全职做翻新和室内设计工作，而现在我们看到的这间非常“时髦”的老公寓就是她近期翻修成功的成果之一。对，前面说到“成果之一”，那是因为现在安娜手上除了一套刚买的房子在翻修外，还有一套市区的公寓也在进行着相同的工程。

翻修家居对安娜来说不仅仅是一种爱好，更是生活的乐趣所在。她喜欢挑战用低预算装出一套看起来并不便宜的房子。就比如展示中的这套公寓，你们能想象所有的装修费用加上一半的家具费用总共只需要花费 30 万元吗？这在人工费和设计费都非常高昂的北欧简直难以想象，这也难怪我们在听到这个数字后惊讶得连嘴都合不上了。

▲ 各种元素的混搭填满了这个偌大的空间，它们看上去毫无关联，但细细一品却又和谐得如天造地设一般。

谈论起其中的诀窍，自然当属安娜那高超的“剁手功力”，就连安娜自己也毫不隐藏对此的自豪。“对了，它是我花了 10 克朗买的。”安娜指了指眼前的这张茶几。要知道 10 克朗连人民币 10 块都不到，这让我们不禁十分好奇安娜到底是从哪里找到这些东西的。

“只要你花心思去找，就没有找不到的东西。”看着我们一副不敢相信的模样，安娜先是挑了挑眉毛给了我们一个意味深长的表情，顿了一顿才语重心长地对我们如此说道。

“那在哪里才能淘到这样的东西呢？”当然我们也不会放弃任何一个打破砂锅问到底的机会。安娜表示之前特别喜欢去跳蚤市场淘货，但后来网上的二手交易平台也慢慢多了起来，她也就把主要的阵地转移到了网上：“这些网站真的是帮我节省了很多的时间和精力，而且那上面的东西比线下的市场要多了不知道多少。现在平时有空的时候我就上去逛一逛，还真的淘到了不少好东西。”

地毯

在安娜家的客厅中最醒目的莫过于棕色的皮沙发和粉色的沙发椅了，但我们也不要忽略了将它们衬托得如此出彩的大功臣——底下的那张 Beni Ourain 地毯，这种菱形格纹的羊毛地毯几乎是每一个北欧家庭的必备之物。说起它的风靡，除了本身的良好质感，更重要的是它对于整个空间在视觉上做出的贡献。

在解释为什么这张地毯对于安娜家的客厅如此重要之前，不妨让我们来看看地毯这个物件在空间中扮演的究竟是一个怎样的角色。众所周知，如果墙面是白色，那么地面的颜色就直接确定了一整个空间的色彩基调。而如果地面的颜色过深或是空间的采光不佳，那么整体空间立马就会变得黯淡无光。为了能让空间显得亮堂一些，这个时候我们就不得不用一张以白色为底色的地毯来增加光线在室内的折射，以此来弥补硬装上的缺陷。“提亮空间”这就是地毯的第一个作用。

其次，地毯的第二个作用同样与视觉有关——让空间的层次感更加分明。在地面与沙发的色彩相近或是两者色彩的明度差不多的情况下，我们的视觉很容易就会将两者混杂在一起，随之而来的就是我们视觉上的混沌。为了将两者分离开来，使用一款色彩明显有别于两者的地毯就显得尤为必要。不管是色彩深一些还是浅一些，只要它能把地面与沙发明显地区分开来，那么它的任务就算完成了。

至于地毯的第三个作用则常见于空间比较大的大户型当中——营造视觉的焦点。以客厅为例，如果客厅的空间很大，那不管是将沙发、茶几、休闲椅这些家具靠墙摆放还是摆放在空间的正中央，它们都会像沙盘上的沙子那般看似团结实则各自为政。这时如果能有一张大尺寸的地毯将它们聚拢在一起，我们的视觉也就会轻而易举地找到它想要找到的焦点。安娜家的客厅就是一个最好的例子。

最后我们再来说说带有明显色彩倾向的地毯。虽然安娜家的白色菱形地毯最为百搭和经典，但如果你为你家的客厅事先设置了一个主色调，那么不妨在地毯上就让这种色彩显现出来。然后再搭配上靠枕、摆件、装饰画上的相同或是相对应的色彩元素，你绝对能够完美地实现你事先的预想。

作为一名翻修达人，在采访的开头自然都是围绕“翻修”这个主题，而安娜对这件事的热爱也为我们打开了新世界的大门，原来“老房子改造”这种让大多数人为之头疼的问题竟然也有如此有趣的一面。

每隔几个月，安娜和拉尔斯就会搬一次家。每次搬家都以翻新工程开始，等到翻新得差不多了，也就差不多该搬家了。翻新后的公寓会参与房产中介公司的看房活动，而且总能拍得不错的好价钱。收回成本自然没有问题，还能因为附加的设计价值而有很多额外的收获。比如这才不到半年的时间，两人就已经翻修并卖掉了两套公寓。

▲ 不管是墙上的鹿头还是地上的花瓶都是安娜从跳蚤市场淘回来的，价廉物又美，这让我们不得不佩服安娜淘货的眼光。

在精打细算中变得美好

要说起安娜家中最让我们吃惊的空间莫过于这间厨房兼餐厅了——因为这个空间的墙实在是太酷了！还没等我们回过神来，安娜又向我们抛出了一颗重磅炸弹——这看上去复古感十足的墙面根本就不是墙纸，而是一堵不加任何装饰的裸墙。如果不是听了安娜的介绍，恐怕我们怎么也不会想到这点。

原来这事儿还得从他们刚搬进来的时候说起，因为两口子实在是很不喜欢上一个房主贴的墙纸，于是在翻新时打算一起动手撕了它们换新的。没想到墙纸在被撕掉后竟然在墙上留下了斑驳的胶水黄渍，搭配破损的墙面，这幅独一无二的“新墙纸”竟然就这样在无意中被创造了出来。虽然这堵看上去脏兮兮的墙面对很多人来说简直不可接受，可在安娜和拉尔斯看来这反而成了厨房中的点睛一笔，于是乎俩人当下就决定不再乱碰这面墙了，就让它保持这样的独特质感。

一面是破损失修的墙，一面是精致奢华的橱柜，这样巨大的视觉对比瞬间将空间的丰富性拉高了不止一个台阶，同时也将主人大胆的个性一展无遗。联想到我们很多人在改造二手房时总喜欢全部砸掉重来，安娜家的厨房就是一个不折不扣的“反面教材”。虽然喜新厌旧是人的天性，但有时候我们在改造的过程中不妨向安娜多多学习，多留一些心眼，难保在未来它们不会成为你家的绝对明星！

餐厅中的餐桌不用安娜介绍我们就知道是从跳蚤市场上淘来的，因为桌面上的自然纹理和使用过后留下的痕迹的确是那些崭新的餐桌所比不了的。特别

▲ 远看狂野，近看优雅，如此“矛盾”的空间可不多见。

▲ 餐桌虽然很久，但丝毫不显寒碜，反而那股岁月的味道煞是迷人。

是当我们用手抚摸那些坑坑洼洼的地方，虽然有些粗糙但莫名地让人感觉温暖。

据安娜说这张桌子刚买回来时颜色远不如现在这般深，为了让它能与这整个空间的色调相匹配她才又重新给它刷上了接近于黑色的棕色。这样子它与黑色的橱柜一左一右占据空间的两端，整个餐厅才能在视觉上达到左右平衡。

而为了让餐桌从这个厨房兼餐厅中“独立”出来，安娜还在餐桌下方铺上了一张黑白相间的地毯。当我们质疑这个举动是否略显多余时，安娜却说道：“一个‘精神’上独立的餐厅会让我们的用餐时刻更具有仪式感，只有这样我们才能真正品味到美食的真谛。”

橱柜的台面、柜门、拉手

正如国内橱柜厂家宣传的一样，在我们的印象中橱柜一直都是以一个“整体”的形象存在。但当我们仔细地观察北欧厨房里的橱柜时却发现它们的橱柜总是要比我们国内常见的要“高大上”不少，这究竟又是为什么呢？其实当我们将整体橱柜拆分成台面、柜门、把手这三个部分单独来考量，并利用三者之间的不同变化结合厨房其他元素时，就能达到出其不意的视觉效果。

1. 台面

在北欧风的厨房中其实很难说哪种台面的出镜率最高，但给我们留下最深刻印象的肯定是原木色的台面。可能大多数人都以为这些台面都是由实木经过处理而制成的，但实际上比起容易开裂且需要经常保养的实木台面，表面贴皮的防火板台面无疑才是大家的首选。

也许大家会担心它的耐用程度，其实大可不必多虑——宜家就有这么一款台面，大家上网搜一搜就能知道它的耐用度究竟如何。只要不把滚烫的铁锅直接放置在台面上，想要破坏它可远没有那么容易。

其次石材台面的出镜率也不低，不管是大理石台面还是石英石的。比起需要小心使用的原木色台面，石材台面在实际生活中就要来得更加省心。但值得注意的是，大理石台面虽然颜值颇高，但实则非常容易渗色，所以如果你家厨房的使用率很高，那么石英石的台面就要来得更实用一些。

上面所说的两种材质是在北欧家中最为常见的，但接下来要介绍的不锈钢台面的出镜率就要低得多。虽然它十分耐用且颜值不低，但不锈钢天生有些清冷的质感还是将大多数的人挡在了门外。毕竟在北欧人看来厨房是一个温暖的地方，如果有什么东西会破坏这种感觉，那家中肯定没有它的容身之处。

不过如果你是工业风的拥簇，想要打造一间“北欧工业风”的厨房，那么这种不锈钢台面则是不二之选。

2. 柜门

如果大家仔细地观察过北欧厨房中的橱柜柜门，那么对于它们的平板造型肯定印象深刻。不管柜门的材质和色彩如何，好像在他们那儿特别不流行表面有凹凸造型的柜门。其实这样的做法很容易理解，首先是在性价比上平板柜门肯定要比有造型的柜门要高，其次是在耐看性上前者也比后者要高出不少，毕竟谁也不可能隔三差五地更换橱柜的柜门，从这个角度看，平板柜门如此广受欢迎也是意料之中的事儿了。

再来说说柜门的颜色，看着安娜家那酷酷的黑色柜门，大家是否也有冲动在自己家也尝试一番？但其实在北欧黑色柜门的出现并不多，因为这种追求视觉效果的做法并不适合日常的生活，也就像安娜这样每隔几个月换一套房子的人才有勇气做如此的选择。

在大多数北欧人民的家中最受欢迎的肯定是白色和原木色的柜门，尤其是前者更是占据了柜门界的半壁江山。它们两者如此受欢迎并不奇怪，毕竟这两种颜色正是北欧风家居的两种主色调。白色带来轻盈，原木色带来温暖，一个既轻盈又温暖的厨房试问有谁不想要呢？

3. 把手

在橱柜这个整体中把手肯定是最容易被大家忽略的，但与此同时它的重要性却不言而喻——一幅名画之所以能与其他的凡品区分开来，靠的就是那一道点睛之笔。看看安娜家搭配金色把手的黑色柜门，再想想如果把金色的把手换成其他的颜色，那如今呈现在我们眼前的这幅画面还会如此引人入胜吗？

其实想要选对把手也不难，只要注意款式与颜色就好。在款式上我们要注意尽量去选择那些造型简洁的，比如圆形、长方形或是六边形之类的几何形状，而在颜色上则要视橱柜柜门的颜色而定。其中常见的有白柜门配黑把手、原木色柜门配白色或黑色把手以及黑色柜门配金色把手等等。除此之外采取隐形把手或是用按压的方式将把手舍去都是不错的做法，就看大家自己的喜好了。

▲ 45° 角拼贴的墙砖可不多见，但正是这股独一无二成了安娜选择它的理由。

因为原先这个房间并不是厨房，所以我们现在看到的黑色橱柜、洗手台以及燃气灶都是改造工程中加入的。别看这里现在是如此迷人，说起当初在翻新时的一点一滴，安娜可是没少费精力。因为夫妇二人并非丹麦本地人，因此初来丹麦时难免会碰到人生地不熟的状况。虽然没有亲人和朋友的帮忙，但要强的安娜却一点儿也没把眼前的困难当回事儿，她一口气找到了很多装修工人并开始一轮接一轮的比价大作战，最后才一步步地将厨房变成了我们今天看到的模样。

我们很多人可能会很厌烦这个过程，但对安娜来说却是成就感十足。看着原本破败不堪的房子在自己的精打细算中变成万众瞩目的明星，仅仅是视觉上的享受就能弥补自己在这里挥洒出的所有汗水。

▲ 如果不仔细去观察还真不容易发现水龙头、壁灯这些元素，他们的选择也如此大有讲究。

因为厨房这个不大的空间拥有太多让我们目不暇接的物件，因此当我们走到橱柜跟前才发现墙面上的壁灯竟然也是黑色与金色的搭配。回顾一下我们刚才看到的金色元素，从空中的 Flos 吊灯到橱柜上的金色把手，接着是水槽边的龙头，最后再回到壁灯上的金色配件，这个小小的元素虽然从远处看并不起眼，但在每个细节上它都恰到好处地出现在最需要它的地方，也许正是这些小细节才让这个表面粗犷的空间拥有了一颗优雅而精致的内心。

为什么安娜能够成为一名“翻修达人”，因为她对于细节的把控不得不让人拍案叫绝！

除了全新打造的厨房，屋子里另一个动了大手术的当属这间浴室。别看现在的它素雅得好似一朵刚出水的芙蓉，谈到刚接手公寓时浴室那惨不忍睹的模样，安娜都忍不住摊开双手做了一个快要晕倒的姿势：“我真的没有办法描述我当时的心情！”

就像一块破布也能在服装设计师的手中变成时尚的标配，对于安娜这样的翻修达人来说改造这么一个浴室当然也是不在话下。看着眼前的一切，安娜脸上的自豪显得尤为明显。

不同于我们大多数人家中那一番兵荒马乱的模样，安娜家的浴室里可以看到的东西两只手就能数得过来：（1）老照片装饰画，（2）擦手巾，（3）鲜花，（4）洗手液，（5）香薰蜡烛，（6）泥塑装饰，（7）垃圾桶，（8）马桶刷，还有一棵大盆栽。至于霸占了我们自家洗手台的那些花样繁多的保养品和清洁用品都被安娜好好地藏在了台面下的抽屉里。

当然“藏好东西”只是让浴室这种小空间变得美观的第一步，想要让自己家的浴室也和安娜家的一样美貌，我们也还有不少的细节需要注意，比如台面上的那些瓶瓶罐罐。在生活中我们为了图省事，总是习惯于将购自超市的洗手液直接摆放在洗手台上，却不知那些风格、色彩各异的瓶子对整个浴室的色彩协调构成了极大的破坏，更甭论有些瓶子的包装设计又花哨又土气，让人有种走进学校小卖部的错觉。对此我们不妨学学安娜的做法，买上一整套的棕色或黑色的小瓶子，把洗手液、护肤水、卸妆水这些都装入其中。至于如何区分每个瓶子当中到底装的是什么——除了在外面贴标签，用瓶子的大小来区分也是不错的选择。

除了一些细节方面的考量，安娜家浴室的那个壁龛也值得我们学习。无论

▲ 以白色为主的洗手间一如其他的空间那般优雅。

是香薰蜡烛还是泥塑雕像，每一个格子安娜只会摆放一个物件，这样子即使我们的目光只是不经意地一瞥也能很容易地找到视觉的焦点，因为每一个物件都拥有一个完整的只属于自己的舞台。

在这里安娜还教给我们另一个非常实用的技巧——如何让马桶刷和垃圾桶这些影响美观的物件在视觉中消失不见。为此我们还特地走到角落中仔细地观察了一番，却只发现两个黑乎乎的东西，那么其中奥妙又是什么呢？没错，就是“黑色”。

我们的视觉总是不自觉地倾向于那些活泼、跳跃的色彩，而黑色作为中性色中的一种，本身就不会引起我们太大的注意力，因此只要它不是大面积地出现在我们的视觉中，我们就会把注意力集中到那些能够引起我们注意的色彩上而忽略掉它。让我们再回过头去看看安娜家的浴室，我们的注意力是不是都集中在那充满个性的洗脸盆上、墙上的挂画、粉嫩的鲜花以及壁龛里的装饰品上呢？至于墙角的那两个小东西，who cares！

浴室柜

当我们走进安娜家的洗手间，我们的视觉会不自觉地被洗脸盆吸引，至于它下面的浴室柜和台面就这样被我们给忽略了。其实这也是安娜刻意而为之的——让其他物件尽可能地不显眼，从而突出洗脸盆的主角地位。毕竟在洗手间这种狭窄的空间内只要一个亮眼的主角就已足够。那么除了安娜选择的全白浴室柜，我们又有别的什么款式可以选择呢？

1. 我们可以用白色的大理石台面搭配白色的柜体，在简洁中凸显一股优雅的气息；

2. 除了白色大理石与白色柜体的搭配，我们也可以用黑色作为柜体的颜色。如此一般的黑白配打造出来的视觉对比绝对会有让你眼前一亮的感觉；

3. 如果你想要让洗手间显得更“自然”一些，那么我们不妨加入原木色这个元素，用白色的台面搭配原木色的柜体，或者反过来用原木色的台面搭配白色或黑色的柜体。

假如你是个颜控，并且为之不惜牺牲一些实用性，那么我们也可以将浴室柜舍弃掉，直接用一张木板作为台面，或者也可以把单个洗脸盆悬空。对于一些洗手间面积不大或者空间狭窄的情况，这样的做法无疑能够最大限度地制造视觉上的轻盈感，只是要注意事先在墙壁上预留出水口就好了。

▲ 除了独一无二的外表，它还自有妙用。

要问在这个小浴室中最抢镜的是哪个物件，毫无疑问是洗脸盆。起初我们以为安娜选择它只是因为那独一无二的外表，但事实上安娜选择它除了视觉上的考量也兼顾了日常生活的便利性——因为丹麦的水质在北欧国家中算是比较硬的，如果选择普通的白色陶瓷洗脸盆就非常容易在盆里留下难看的水垢。追求完美的安娜自然不会因此而妥协，于是她费了好多心思才想出了用石材做洗脸盆的方法，这样哪怕生了水垢也会被误以为是石头本身的花纹，无形中也让洗脸盆本身变得更有个性。

不管是在装修还是在生活中，我们总要面对因为现实而妥协梦想的情况，但比起无奈地放弃，我们有没有想过也许会存在另一种两全其美的选择呢？多动动自己的小脑袋瓜，或许创意就会在不经意间到来，安娜不就是我们的榜样吗？

浴室五金件

虽然在洗手间这么个小小的地方承载不下太多的东西，地砖、墙砖、浴室柜这些就已经占据了我们绝大部分的视觉空间，但还有几个并不显眼的物件也值得我们花费一番心思去考量。如果选对了就会成为锦上添花的一笔，否则就会成为整个空间的遗憾——它就是浴室五金件，包括水龙头、厕纸架、毛巾架、花洒这些。

在各种不同风格的北欧风洗手间当中我们能看到各种不同的选择，但真正能选择的其实就只有四种：不锈钢、红铜、黄铜和黑色。要说最百搭，那肯定是存在感最低的不锈钢，不管你选择什么颜色的地砖和墙砖以及哪种款式的浴室柜，不锈钢都能很好地扮演一个配角的角色。

其次是视觉效果最明显的黑色。因为北欧风的洗手间墙面大多为白色，因此选择与之对应的黑色肯定能制造出最突出的视觉对比。但要小心的是如果洗手间的面积并不大，几样五金件彼此挨得很近，那么太多的黑色小物件在视觉上会不自觉地混杂在一些。因此如果你想要这种强烈的视觉对比，首先要确保你家的浴室面积要足够大。

最后是黄铜和红铜，虽然它俩的价格比起之前的两样要高上不少，但它们带来的或尊贵或典雅的视觉享受却也是无可比拟的。

这几种选择很难排出一个先后之分，最后究竟要选择谁最好视你家的浴室柜以及洗脸盆而定。

比起之前让我们不得不惊叹的厨房和赞美有加的浴室，接下来要参观的卧室则可以用震惊来形容了——因为安娜家的卧室竟然是一间不折不扣的小黑屋。在我们的印象中卧室一般都是朝南的，因此在阳光的眷顾下不管卧室的主色调是白色或是灰色都能带给我们轻松而又温暖的感觉。但为什么安娜会选择把一间让人感到压抑的小黑屋当作卧室呢?

“我喜欢白墙，但这不妨碍我给自己的公寓来一间小黑屋啊！”谈及为何反常规地选择黑色作为墙壁的颜色，安娜对此也有一套自己的理论：我们家里总有几间采光并不理想的房间，但这几个房间也不是完全没有采光，而是有种半亮不亮的感觉。大多数人为了掩盖这个缺陷于是就铆足了劲儿地去把墙壁刷

▲ 很少见的黑色卧室在安娜的手中却变得别样得迷人。

白，结果非但没有解决问题，反而还有一种欲盖弥彰的蹩脚感。既然没有办法完美地掩盖住这个缺陷，那么为何我们不干脆把这间屋子刷得再暗一些呢，这样子反而让人看不清采光不足的缺点。只要再吊上一盏明亮的灯，当灯打开的时候，整个房间都会随之闪亮和温馨起来。

至于这个“以毒攻毒”的法子在实际中表现如何，至少从安娜的描述和我们自身的体验来说效果还是非常理想的。黑色的墙面，配上复古的床头灯和装饰画，再铺上一张紫色的丝绒被罩，那种华丽而不俗气的高级感油然而出。

灯光

如果大家亲自去过楼盘挑选过户型，那么我们都会发现这么一条真理——那些楼层越高、采光条件越好的户型往往要比其他的户型更贵。这也不难理解，因为采光条件直接决定了我们的家是春光明媚还是阴冷难捱。

试想当我们每天早上起床，第一件做的事情就是打开窗帘让阳光唤醒我们新一天的活力。当我们每天晚上下班回到家，第一件事儿肯定就是打开灯光来照亮我们的家。对，光就和空间一样，我们平时可能感受不到它的存在，但是一离开它我们却是寸步难行。

既然自然采光因为户型的限制让我们无从着手，但在家里的照明方案上我们却可以好好地下一番功夫。毕竟太阳总有落下的那一刻，而那一刻正是灯光降临人间的最佳时分。

1. 基础照明

不管我们是在灯饰城购买灯饰还是选择在网上挑选，我们在选中一款灯具的时候总有这么一个担忧——这灯够亮吗？它足够照亮整个空间吗？也许是以往的生活经验使然，我们总是习惯于用一盏灯来照亮一个空间，不信的话大家可以环顾一下自己的家——客厅有盏主灯，餐厅、卧室、书房亦如此。

但在北欧人的家中我们却经常发现这么一个奇怪的现象——整个空间看不到吸顶灯或是吊灯，或是一盏小小的吊灯垂得很低，离地一米左右的高度。这样子的灯光设置明显是没办法照亮整个空间的，难道他们家里还藏着一个小太阳不成？当然不是，只是他们的小秘密经常因为拍照的角度问题而被隐藏了起来，导致我们没法发觉而已。

在北欧家庭中最常见的是以下说到的这种方法——吊平顶，使用嵌入式的筒灯或是豆胆灯（如斜顶侧顺着斜坡）。一般这种灯具都有三种中性色的外观可选——白色、不锈钢银色与黑色。前两者因为和白色吊顶的色差并不明显，因此能够很好地隐入白色的天花板当中。而黑色外观的灯具相比其他两者出镜率就要低得多，一般只有那些个性十足想要与众不同的人才会选择。

2. 一明一暗，两套照明方案

也许有人会发出这样的疑问——既然一盏灯就能照亮整个空间，那么又有什么必要如此大动干戈呢？这个时候我们不妨回想一下日常生活中我们对于灯光的需求，也许能够发现一些端倪——有时候我们需要一个明亮的空间，比如家里来了客人或是大扫除的时候；而有些时候我们却又希望房间能够暗一些，因为太过明亮的环境会让我们的心绪长期处于一个亢奋的状态，时间久了未免感到心累。

既然我们对灯光的明暗有两种截然不同的需求，那么考虑做“一明一暗”两套照明方案也就是顺理成章的事儿了。如果这两种照明方案同时存在于我们的家中，那么我们就可以根据情景的需要随意进行切换，再也不用担心不恰当的照明会在不合时宜的时间出现了。

了解了这点我们再回头看看上面提到的那个基础照明方案，看看那些被分布均匀的筒灯和豆胆灯照亮的每一个角落，一套“明亮”的照明不正摆在我们的眼前吗？

3. 功能与氛围照明

前面我们已经解决了空间的基础照明，那么接下来我们就得专注于如何布置好另外两种照明方式——功能性照明与氛围照明。所谓功能性照明顾名思义就是在某一项功能上不可或缺的照明方式，比如书桌上的台灯、厨房水槽上的吊灯以及床头用来晚间阅读的壁灯这些。而氛围照明则是我们下面要着重讲解的——为家为生活提供气氛与情趣的照明，其中如何让吊灯重获新生更是其中的关键。

首先让我们从客厅中的吊灯说起，如果大家仔细观察过那些出现在北欧客厅中的各种各样的吊灯，那么我们很容易就能发现它们之间的共性：低调而朴实，不管它们是竹制、玻璃还是纸质，不管它们的造型是圆润还是挺拔。这些吊灯毫无例外地都与空间融为了一整体，如果不去仔细观察还真能忽略掉它们的存在。

北欧人民之所以这么做自然有他们的道理，因为吊灯悬在空中，而客厅中的沙发、茶几、地毯这些家具都落在地面上，它们之间肯定是无法处于同一个视觉焦点之中的。那么这个时候把吊灯“舍弃”掉，把视觉焦点都集中于地面之上也就在情理之中了。

接着我们来到餐厅，除了像安娜家的餐厅这般因为没有筒灯用作基本照明而选择了一盏开放型的吊灯，在北欧当地其实更为流行半圆形的 Dome 吊灯。这些吊灯灯罩的顶部都被封死或是只留了一个非常小的口子，因此当我们打开它的时候灯光只会照亮餐桌而不会四散到周围的空间中去。因此当我们把餐厅的筒灯关掉只打开吊灯时就会出现只有餐桌以及它的四周被照亮而餐厅的其余空间都隐入一片黑暗之中的情景。这样子所营造出来的氛围虽然比不上摇曳的烛光带来的些许暧昧，但比起整个餐厅被照得通亮的情况要好上太多。

当然我们也不能忽视了其中一个非常关键的节点，那就是吊灯的高度。虽然关于它有着各种各样的说法，但最简单也是最保险的还是要根据大家的自身情况来决定——吊灯底部比你家身高最高的那个人坐下后的头顶高度高上5~10厘米。除此之外我们也可以根据吊灯的款式来适当地微调它的高度，只要保证坐下后头顶不会碰到吊灯的底部即可。

而在卧室中的床头灯上体形较小的吊灯也同样有着不错的出镜率。因为大多数人家中都采用的是传统的壁灯或是台灯，因此这种特立独行的做法自然就会让你家显得与众不同。但如果你家已经在卧室中央安装了一盏大吊灯，那么就不得不在灯线的选择上做点文章。主吊灯选择白色灯线，床头吊灯选择黑色灯线，或是反过来的方式都可以，只要保证它们主次分明，不要互相抢镜即可。

除了客厅、餐厅以及卧室这些吊灯出现的传统区域，在另外一些意想不到的地方我们同样能够发现它的身影。比如厨房的水槽上方，比如阅读角里扶手椅旁。虽然在这些地方用壁灯或是落地灯的方式更为常见，实施起来也更为容易，但选择别人不会采用的吊灯无疑会让你家显得更加独一无二。

4. 暖光与白光的选择

说完了灯光布置的基本思路，紧接着我们又会面对另一个难题：灯光的色温怎么选？其实现在市面上的LED灯光基本可分为三类：暖光、暖白光与正白光，对应的色温分别为2700k、4000k和6500k。后面的数值我们可以不用理会，只需要记住三种灯光的名称即可。

有些昏暗的暖光和锃亮锃亮的正白光在我们的生活中随处可见，那另一个暖白光是怎么回事呢？其实它的色温刚好介于暖光和白光之间，给我们以不会太亮也不会太暗的感觉。更重要的是它的色温非常接近于自然的阳光，因此对于我们的视觉来说它的接受程度无疑是最高的，也是最适合用于室内照明的灯光。

基于不同空间的照明需求，我们不妨在客厅和餐厅的筒灯与豆胆灯中选择暖白光用作基础照明，而让暖光出现在吊灯、落地灯、台灯这些营造氛围的地方。卧室中我们同样可以采取相同的策略，但如果你家的卧室并不大，一盏装有暖光光源的吊灯就足够了。至于厨房和洗手间这两个我们并不会长时间待在其中的空间，光源的选择可以依照我们自身的生活习惯来决定，白光或是暖光都是很常见的选择。

因为墙面是黑色的，因此安娜选择一款同样为黑色的边柜，这样子边柜就能和背后的墙面融为一体，从而把我们的注意力都吸引到柜子上方的烛台和花瓶之上。

在空间并不宽敞的情况下选择与墙面同色的家具无疑能够最大限度地弥补空间不足的缺憾，让存在于我们视觉中的东西更少一些，如此这般才能获得最好的视觉体验。

▲ 白色的烛台和玻璃花瓶都能制造恰到好处的视觉对比。

唯喜欢而已

安娜和拉尔斯本身都是瑞典人，先后在瑞典多个城市以及挪威居住过一段时间。问及搬到丹麦的契机，两个人先是对望了一眼，然后摊了摊手："没有为什么，就是因为喜欢。对，没了。"虽然在这里没有工作也没有认识的朋友，但因为那股"突然间爱上这里"的冲动，两人毅然而然地离开了之前生活的城市搬来了丹麦。

就如文章开头说的那样，"安居乐业"是我们大多数人对于人生的最大追求，有一个安定的家和一个温馨的家庭就是我们每天努力奋斗的目标。而对于安娜和拉尔斯来说，“搬家－装修－出售”却是生活中的常态。每次当他们买下一间公寓的时候其实就能看到它被卖给别人的那一天。也许我们没有办法理解花了半天工夫装好的家没享受多久就要搬走，但是对他们来说，最享受的其实是装修新家的过程。他们喜欢那种每天都在路上不停地行走的生活，因为每天都能看见新的不一样的风景。向往安定的我们注定是没有办法理解喜欢折腾的安娜和拉尔斯，但不要忘了我们和他们都有一个共同点，那就是对美好生活的期盼和想要亲手实现它的冲动与欲望。

也许是有点累了想歇歇，现在的他们刚买下了一栋新房子，这一次会打算住得久一点。因为长期以来两个人都过着随性而行的生活，所以也很难说这次的休息会有多久。“也许是一两年吧，也许更久，谁知道呢！”

▲ 花瓶和蜡烛，这是北欧人的餐桌上必不可少的装饰物。

精致从细节控开始

北欧人对于细节的苛求可是出了名的，他们非常愿意为了细节花时间精力以及金钱去一点点改造自己的家。

瑞典有个特别的家居设计品牌。怎么个特别法呢？他们生产柜门、台板、把手、家具腿……唯独不生产整件家具。他们的产品只能用于装在宜家的某几款柜子上，也就是说如果你喜欢他们的设计，你得买相应的宜家家具并自己回家进行改装。虽然听起来很麻烦，但是很多北欧人为了买这家的设计，特意去买了宜家的产品以便回家进行改造。对，这就是细节控的瑞典人：为了喜欢的面板条纹设计，为了中意的家具腿和把手，哪怕无法一步到位也没关系，咱们可以选一条曲折而漫长的路折腾自己。

还有淋浴喷头、水龙头、洗手盆等细节。很多人可能觉得精装修公寓里的标配卫浴就差不多了，功能到位而且又不用另外花费什么。这些对我们来说习以为常的事儿在不少北欧人看来可是马虎不得，他们甚至愿意花费数万元去更换这些细节，只是为了追求完美的外观和高品质的使用体验。如果翻看一下那些杂志上备受好评的家居，确实那些浴室看起来和普通人家的标配浴室卖相不大一样，有种一下就能感受到的别致观感。特别是那些出彩的浴室，仔细看看就会发现它们无一例外地抛弃了那些设计过于大众、缺乏精致感的卫浴产品。因为过长而乱缠一气的花洒喷头软管，设计得笨头笨脑的水龙头……这些都不会出现在有品位的细节控的浴室里。

虽然死抠细节不一定有好结果，但是对细节的忽略，一定会让人一步步走向平庸和粗糙。

每一个见识过安娜作品的人都会认为她是一名专业的室内设计师，其实她并非科班出身。在开始自己的室内设计事业之前，她是一名理发师，她一直觉得之前的工作培养了她对色彩的敏感，对她后来的家居事业非常有帮助。

即使没有任何的设计基础，但安娜内心深处却一直非常清楚自己对家居设计的兴趣，即使在理发店上班的那段时间，安娜也把家居设计当作自己的一项业余兴趣来经营。直到室内设计这个业余爱好在她的生活中渐渐变成了一个较大的收入来源时，安娜才决定辞去以前的工作，开始全职做这件事。

也许是天赋使然，室内设计这项工作对安娜来说是如此自然而然，她从来也没有觉得自己需要去专业的培训班来提高自己的技能，只要放松地去做，按照自己的喜好去选择，结果自然就能够让客户满意。当然在职业的转换上北欧人要比我们幸运得多，因为高工资和高福利的支撑，在转换职业轨道的时候总是少了很多现实问题的牵绊。而且家庭成员之间的彼此尊重也能够免去他们的后顾之忧，好让他们全身心地迈入新的人生轨道之中。

“你们在装修的时候犯过什么错吗？”这是在采访中我们经常会问到的一个问题。不同于其他人大大方方地承认自己曾经犯过的错，安娜对此却十分自信：“我好像没有犯过设计方面的错误。”

自信满满、不卑不亢就是安娜给我们留下的最深刻的印象。她会很落落大方地告诉我们自己有家居方面的天赋和热情，也丝毫不会避讳自己没有受过专

▲ 杂志不仅能够带来最新的流行咨询，它本身还是一件绝妙的装饰品。

业训练的这个短板。她指了指柜子下堆得整整齐齐的期刊：“几乎所有的家居类杂志我都会买来读，而且必须边买边扔，不然家里根本就放不下。”

除了长期保持着非常惊人的家居设计方面书籍的阅读量，其余的灵感来源则来自拜访过的很多不同的人家，以及去不同的地方旅行时那些给她深刻印象的景象。

“那么你现在的这套公寓到底是属于什么风格的呢？”安娜面露难色地说自己不习惯设定关键词或者风格，没有了这些框定和限制灵感才能不停地闪现，促使她做一些巧妙的设置和调整。跟随着自己的想法和感觉就能在家居的探索之路上顺利前行，有天赋的安娜是非常幸运的。

▲ 装饰画的内容或许代表的正是你内心真正的模样。

装饰画

要说起北欧风给大家最深刻的印象，“大白墙”这三个字恐怕会立刻浮现在我们的脑海中。但看完了这么多的北欧风家居，印象中那单调的大白墙却并不显得乏味而无聊。不仅仅如此，那些墙面上的许多装饰物还总能给我们留下深刻到难以磨灭的印象。而其中最主要的装饰物就是那些海报、挂画和平面设计作品，我们统称它们为“装饰画”。

装饰画之所以能成为北欧人家中必不可少的装饰性元素，它的多样性肯定是首屈一指的。从山川大海这些自然风景，从斑马野兔到狮子狐狸这些小动物，从各种植物标本到来自各位名人的箴言警句……好像没有什么元素是不能够以图像的形式呈现在装饰画的画纸上的。

除了多样性，它的易更换性也是大家选择它的理由之一。什么时候我们想让自己的家换一副模样，我们就可以试着将各个空间中的装饰画对调一番。比如将卧室床头的挪到书房的书桌上，将电视柜旁的挂到餐桌旁边的那面墙上。不需要费多大的功夫也不需要额外地多花钱，我们就这么轻而易举地将原来的家换了一副新的模样。

当然装饰画的性价比也是不能忽略的一个因素。比起动辄几千上万一幅的油画，这些印刷品的价格无疑是大多数的人都能够承受得起的。而且北欧当地的博物馆经常会和一些艺术家、摄影师进行合作推出各个系列的作品，而这些作品的价格也和一顿饭钱相差无几。能用一顿饭钱换来一幅艺术性十足的装饰画，这世上还有比这性价比更高的买卖吗？

装饰画的排列技巧：

当我们看到安娜家的那组装饰画组合时是不是有种浑然天成的感觉？对，因为安娜在排列这些装饰画的时候也是动了不少的脑筋，而她也很愿意将她的心得分享给我们：

1. 色彩。黑白灰永远是最百搭的，如果想要添加一些彩色的元素，那么这些色彩必须符合整个空间的色调。比如你选择了一款蓝色的沙发，那么装饰画上面就可以添加蓝色的互补色——橙色元素，或者也可以选择比沙发的蓝色浅一些或是深一些的蓝色，做一个同色的明度渐变。

2. 主题。在一个组合中使用同一个主题的装饰画自然是贴切也是最和谐的，但有些相近的主题也可以搭配在一起，比如风景与动物，摄影与艺术这些。当然你也可以在一个组合中单独选中一幅与其余主题不同的装饰画来制造一种冲突的惊喜。

3. 排列。排列的方式有很多种，我们可以选择同一尺寸的装饰画然后一字排开，也可以随自己的喜好“乱来”，将几幅不同尺寸的装饰画或高或低地错落开来。这样子给我们一种更加随性的轻松感，赶跑那股拘束与不安。

4. 画框。常见的画框通常为木质，边框很厚而且质感也很差。因此我们不妨多花一些钱购买边框更细更窄的铝制画框。当然我们也没有必要心疼多花费的那点钱，铝制画框带来的质感上的提升绝对是物超所值。

如果没有专业设计师的帮助，在将装饰画挂上墙之前我们最好将考虑好的组合一字摊开在墙前的空地上，最后再斟酌一番装饰画的排列和彼此间的间距。

迷之荡漾的悠闲生活

既然是一名自由职业者，我们不禁很好奇安娜的一天是如何度过的。“该干吗干吗。”安娜的回答如此之简洁也出乎了我们的意料。原来对她而言没有特别规律的每日行程，跟进一下手头上的装修项目，和装修工人们会面、分配任务，同时问问他们对前一天工作的反馈，随后整理和购买家居产品就占满了她的一天。如果客户有需求她也会出门同客户碰面，一起参观他们想要改造或装修的公寓，讨论一些设计上的可能性。也有的时候甚至哪儿也不去，就在家里写写画画。

▼ 能把一件破烂变成一样绝美的装饰物，我们不得不佩服安娜的天赋。

现在有越来越多的私人客户和地产公司找到安娜，希望她能以设计师的身份帮助他们改造公寓和房子。所以她在这方面花的时间也越来越多。她也常常无偿地帮朋友出一些设计上的建议，纯粹因为觉得好玩，用她的话来说就是："反正也不怎么花力气！"

谈到对于未来的打算，安娜表示现在的自己非常享受现在的这种自由职业身份。我们问她如果不做现在的设计工作她会去做什么呢，她想了想说："也许我会去宜家工作。因为我非常看好他们的产品以及这个公司的价值观。"也许在我们看来在以平价和性价比著称的宜家工作并不是一件多么高大上的事儿，但宜家"让每个人都能买到物美价廉的家居产品"的理念却深深地打动了安娜。不要以为企业价值观是一件虚头巴脑的玩意儿，在北欧不论企业的老板还是求职者都很在意价值观这个点。只要想想三观不合的婚姻有多痛苦，你就知道在符合自己价值观的企业工作是一件多么重要的事情。

我们也许把安娜两口子这种随性迁徙、肆意生活的状态归咎于他们还没有孩子，谈及这个话题安娜还是一如既往地干脆："是的，我们也不打算要孩子，我们就享受两个人的生活。"

哦，原来安娜两口子都是丁克一族。"丁克"这个名词其实在很多年前就已经出现，只是时至今日也没有被大多数人所接受。其实在北欧当地人看来，生育与否跟换不换工作一样，都是生活中再普通不过的两个选择而已。不论是爱娃一族还是丁克一族，大家都不会质疑甚至试图劝说彼此，这也算是当地的一种社会礼仪常识。

也许我们都忽略了一个想法：生不生孩子难道不应该是由对自己身体有支

配权的女性来做的决定吗？“我们就享受两个人的生活”，所以“我们不享受三 / 四 / 五个人的生活”。所以下次碰到北欧人可千万别在这个问题上纠结，也不要告诉对方三 / 四 / 五个人的生活有多快乐，因为这个世界上总有些无法理解的快乐，也不需要去理解，止于尊重即得和平，不是吗?

除了装修和搬家这两项“工作”，旅行就是安娜和拉尔斯最大的兴趣爱好了。同样也因为没有孩子，两人感叹在旅行安排方面非常自由。除了和普通旅客一样在旅行中体验不同的文化和自然风光，每次旅行也是两人“进货”的好时机。

北欧人对异域风情的热忱，除了对神秘感突围的冲动，还有去拥抱不同的文化的内心渴望。和很多瑞典人一样，安娜和拉尔斯最迷恋的地方之一就是泰国。北欧人爱东南亚有两大“流派”，一种是不可描述的爱好，一种就是安娜夫妇那种：沉迷于与瑞典截然不同的舒适（不冷就成）气候，以及迷之荡漾的悠闲生活。当两人在世界各地旅行时也不忘淘一淘各种独特的家居产品，再统一装箱寄回自己家。除了价格便宜这个因素，夫妇俩更看重的是这份旅途中的记忆。

双城印象：奥斯陆 VS 哥本哈根

作为一名曾经生活在挪威而今生活在丹麦的瑞典人，我们也希望安娜能够聊一聊她对于这些地方的看法。在她看来哥本哈根的生活更加悠闲，她会花很多的工夫在自己喜欢的事情上，比如烹饪、阅读。而且别看这两个国家离得不远，实际上两地的人也有很多的不同之处。

挪威作为油田里冒出来的世界级土豪大国，当地人的消费能力真不是一般强，哪怕普通人家在买家居的时候也喜欢一次性买下“一整套概念”，无需考虑太久。比如一个挪威人会走进一家家居店，然后一次性就买下沙发、桌子、椅子、茶几等等全部所需的家具，对价格的敏感度似乎很低，觉得需要就下手买了。而在丹麦，安娜明显感觉人们会花更多的时间去打量每一件设计、每一个品牌，考虑价格因素等等。总之，丹麦人在购买上比挪威人更思量周全。相比之下，挪威人过着更纯粹的有钱任性的生活。这种消费习惯上的差异，让安娜觉得总体上挪威人可能对设计并没有丹麦人那般有兴趣，懒得多做探索。

▲ 将走廊的天花板刷成黑色？别天真了，这只出现在层高高到无法相信的空间中。

哪怕是住在挪威的时候，安娜也从来没有过像当地人一样的家居消费观。她坦言自己喜欢从不同的地方收集不同的东西放在一起，而不是大手一挥买下一套家具，因为这样对她来说不够有挑战，也太无趣。所以前不久她特意跑到阿姆斯特丹看家具，然后买了一大堆各种风格的家具回来和她在北欧的家具放在一起，那种混搭的感觉在她看来特别有意思。

门的选择

就像白色作为墙面的颜色在北欧拥有着最高的出镜率，在那里白色的门也有着同样的地位。原因很简单——因为门与墙面同属一个平面，所以门的颜色与墙面保持一致无疑在视觉上会带来最佳的完整性。

除了白色的门，同样属于中性色的黑色与灰色当然也在我们的选择范围之内。只是要想选择灰色的门，那么灰色的深浅我们就得视地面颜色饱和度和明度而定，如果门的颜色在视觉上明显比地面要来得深或浅都会影响整体的视觉效果。而黑门虽然看上去很酷，但在北欧选择它的人也屈指可数。因为与白色的墙面搭配在一起两者的视觉对比太过于强烈，特别是在一些狭窄的过道中会显得格外突兀。

最后我们也别忘了铁框玻璃门这一选项。这几年随着北欧风在国内的日渐兴起，这种以前并不常见的门也慢慢流行了开来，甚至成了大家厨房移门的唯一选择。其实在这之前这种类型的门大多出现在别墅设计或是空间非常大的公寓之中，用来分割两个不同功能的空间。因为玻璃既不会阻隔光线，纤细的铁框又能制造适当的视觉对比，与此同时还能保证视觉上的通透感，让两个被分隔开的空间还能在视觉上连成一体。

在实际当中我们除了可以在厨房选择此类玻璃门，还可以在某些地方用它来替代一整个墙面，比如卧室、书房和阳台这些空间。至于隐私的问题——在房内安装一道窗帘就能完美地解决。

董 琼
极简主义中国风

许多时候我们认为做不到、不敢想象的事情，走出去，面对时自然也就成为人生的一部分。生活也是如此，不同的风格想着可能难以接受，勇敢尝试一下，或许会有惊喜。

对于大多数对北欧风不甚了解的人来说，恐怕一提起“北欧”二字就会自然而然地想到宜家。诚然宜家产品的设计感与物美价廉着实是深入人心，而当它在全世界疯狂的同时却没有几个人知道它来自哪里——一个不到 16000 人口的小城市，它叫阿姆霍特 (Almhult)。说起来，阿姆霍特可能是世界上最国际化的“农村”之一了，因为这个城市实在是太小了，所以当地的中国人都亲切地称它为“阿村”。别看它地方不大，但要知道这里可是聚集着来自 50 多个国家的顶尖人才。可以说阿姆霍特孕育了宜家这个世界级的设计品牌，而宜家又通过它自身的成长，在不知不觉中改变着这个孕育它的城市。

我们每个人都不止一次地逛过宜家商场，对宜家的产品也是熟悉到不能再熟悉，但当我们驱车赶到这里，当我们的双脚真正地踏在这片神奇的土壤上，那种拨开云雾见月明的感觉还是让我们感慨万千——原来那些美貌而又实用的设计就诞生在这里，然后经过精心设计的价值链，出现在地球上不同的角落，潜移默化地改造着我们的日常生活。

说起宜家的产品，相信每个去过宜家的人都会对那满架子的琳琅满目感到惊叹，但你们知道宜家公司里到底有几个固定的设计师吗？答案是：12 个。也许这听上去有点难以置信，但事实果真如此。因为那些大牌独立设计师都习惯了自由自在的生活，所以想把他们圈在一个固定的位置肯定是不可能的，因此每当决定发布一系列的新品，宜家公司不仅会依赖内部的“智囊团”，也会向那些独立设计师发出邀请，从外界得到创新的能量。

既然宜家的绝大多数员工都不是设计师，那也就意味着宜家的员工未必个个都有设计师那样训练有素的审美。那他们在布置自己家的时候，是否也和广大普通北欧风爱好者一样站在同一起跑线上呢？

带着这个问题，我们联系了宜家总部热情的资深老员工安妮（Anne JM Norman），希望她能帮我们连线几个在北欧居住多年的亚洲员工。于是宜家老黄页般的安妮很迅速地推荐了董琼与张波夫妇在阿村的家。

“或许他们家里的家具全部都是宜家的。”在抵达董琼家之前我们一直都是这么以为的。但当我们走进董琼的家，当这套古色古香的餐桌椅突然出现在我们的眼前，不得不承认这出乎了我们所有人的意料。在将我们迎进家门后看我们对餐桌椅很感兴趣，董琼也向我们解释了一番它们的由来。原来这些都是两人在国内结婚时添置的，随着定居北欧，这些家具也就一并搬了过来。虽然自己在宜家工作，也对简洁现代的北欧设计十分欣赏，但这并不妨碍董琼对于古朴而又典雅的中国元素的喜爱。而作为中国风家具中的绝对明星，明式家具凭借“精巧简雅”的气质与设计更是让董琼喜爱得无法自拔。

说起明式家具就不得不提到丹麦著名的家具设计师汉斯·瓦格纳。他从中国明代的“圈椅”中汲取灵感并进行现代化改良，从而设计出了如今蜚声国际的Y椅。而如今在北欧，不仅是经过现代化改良的中国风家具，那些充满着异域风情的传统中国风家具也是越来越走俏。哥本哈根等大城市都有一些专门交易这类中国家具的市场，虽然价格不菲但销量却是非常不错。

有些北欧人买下中国风的家具起初仅仅源于对异域风格的好奇，而把它们

▲ 走近，然后自然融入。

搬回家之后发现这些来自东方的异域元素竟然和家中的其他北欧风家具没有任何的冲突，这种无心插柳柳成荫的惊喜更是让他们深深地迷恋上了来自东方的神奇魅力。之前采访过的安娜就曾说过，她在哥本哈根的中国古家具市场逛上一整天都不会腻，平时一有时间就会去那儿逛一逛。

就跟我们喜爱欧式的古典家具一样，对于异域风情的向往其实在每一个国度都不鲜见。这些看似与本国文化毫无关系的物件不仅能够让自己的家更具个性，不同风格之间的碰撞更是能够提升空间的趣味性。

生活不过随性安然

不知不觉中今年已经是董琼和张波夫妇搬来瑞典的第 13 年了。董琼回忆自己刚决定要和王波一起搬到瑞典时，家里的长辈曾经非常担忧，因为两人在上海过惯了有阿姨在家里做家务的生活，不要说做菜，连家务活都干不利索。“你们去外面自己怎么生活啊？”和所有孩子在外的父母一样，家里的老人免不了一顿担心。可如今我们眼前的董琼俨然是一个经验丰富的大厨，不一会儿的时间，干干净净的台板上就摆满了中西结合的沙拉，腌入味的生肉……只见她时而麻利地切着砧板上的菜，时而揭开锅盖看一看浓汤的火候，一切是那么的从容而又有序。“你看，现在不也自己会做饭了吗？”此刻的院子里丈夫张波正熟练地生着火，准备着接下来的烤肉大餐。站在夏天的北欧院子里，强烈的日照总给人以正午的错觉，然而晚饭时间已经随着那浓郁的肉香悄悄地来到我们的眼前。

如果当初没有到瑞典定居，此时此刻在平行世界里的上海两人会过着什么样的生活呢？董琼想了想说道：“应该不会有太大的变化吧，如果还是生活在上海，也许我还是不会自己烧饭烧菜。”现在的她，身边的橱柜里整齐地摆着装满各式食材的透明玻璃罐，墙上贴着食材营养相关的彩图，完全是一个生活力满满的美食达人的模样。

说起这种生活上的转变，有过海外学习或是工作的人恐怕都经历过，董琼也是如此。虽然曾经的她也对美食怀抱赤忱的热情，但真正自己动手享受烘焙的乐趣却是来瑞典后的这一段时间。从一个只会煮鸡蛋的烹饪小白成长为一名美食达人，董琼的成长也恰恰反映了很多华人出国后的“厨艺进步曲线”，远离了便捷的外食服务，生活水平的急剧下降把每一个人都折腾得够呛。因此在这种情况下大家只能自己动手丰衣足食，直到慢慢地爱上烹饪甚至沉浸在其中无法自拔。当然，美食可不是仅仅用来满足自己的，它还是海外华人之间社交的强劲纽带，出国后想要变成社交圈的明星，除了超高的情商，厨艺也是其中的关键。

“你们有后悔搬来瑞典吗？”谈起祖国如今的飞速发展，我们忍不住向两人问道。“后悔倒没有，但有时候是会有些动摇。”谈及初来瑞典时那陌生的环境、恶劣的气候以及关系错综复杂的工作环境和流程……在北欧漫长到令人抑郁的冬夜里，两人也曾不止一次怀疑离开上海的意义。不过最近的这两年，两人明显感受到搬来阿村的中国同事渐渐地多起来了，很大程度上是因为目前的中国是宜家在全球发展最快的市场。董琼也觉得和以前相比，现在的中国员工更愿意走出自己熟悉的环境，甚至积极地寻找在海外发展的机会。曾经中国同事对来瑞典总部工作的机会是有犹豫的，因为害怕回国后会因为脱节和发展方向的转变而不能适应。但得益于如今互联网的飞速发展，曾经的那些疑虑也随之烟消云散。

回头看看餐厅中的这套桌椅，虽然外观看上去十分迷人，但我们都知道明代的椅子在设计之初就没有将舒服度考虑在内，反而为了苛求某种坐姿还刻意地降低了舒适度。

相比于安娜家那个惊艳却又让人有些敬而远之的厨房兼餐厅，董琼家的这个餐厅无疑让我们更觉亲切。特别是那几扇大窗户，它们最大限度地将太阳的馈赠收入囊中，再亲手转赠于董琼一家人。即便餐桌椅的颜色很浓烈，墙角还

▲ 没有任何刻意的装饰，这幅简简单单的画面在大窗户的掩映下不输给任何精心打理过的空间。

▲ 有时候觉得带着些许生活气息的橱柜台面比那些刻意摆拍的要更迷人一些。

还摆放着一架大钢琴，但是在阳光下，这样的空间还是显得空旷、轻盈。

和前面去的安娜家不同，董琼夫妇的家给我们一个更加“生活化”的感受。在橱柜的台面上董琼并没有将所有的调味品以及烹饪用具收到柜子里，而是根据自己的生活习惯将它们整齐地摆放在台面上，出人意料的美观又实用。

如果使用起来感觉不顺手，再好看的东西又有什么用呢？家也是一样的道理啊，如果因为要保证美观而牺牲了生活的便利性，那再好看的家也会给你华而不实的感觉。

当然这也并不意味着我们要牺牲美观来保证实用性，而是要根据自己的生活习惯在这两者之间找到一种适合自己的平衡。比如我们做饭用的酱油、醋、食用油这些东西，它们那千奇百怪的外包装实在是太煞风景了，那难道我们就必须把它们藏到柜子里吗？这样子拿进拿出未免也太不方便了，所以我们不妨考虑购置一整套的调味罐套装，就像之前安娜在自己家浴室中使用的小棕瓶一样，把各种调味品分门别类地装在这些瓶子或罐子中就能轻易地解决这个问题。如果你购置的调味罐足够美貌，它们还可以客串一下装饰品，来给你家的厨房增添一抹靓丽的风景呢！

看到董琼家的厨房是开放式的，我们不由联想到国内有很多人正在纠结是不是要做开放式厨房的话题。其实像董琼这样居住在北欧的华人们是最有资格发表评论的，毕竟他们中的大部分还是保留了烹饪中餐的习惯，用的也是北欧式厨房。

▲ 角落空空的不知道放什么好？摆一盆绿植吧！

据他们所说，想要在开放式厨房中做中餐并非不可能，只是在一些细节上需要注意。首先就是减少烹饪重油烟的食物，这不仅能避免整个房间被油烟笼罩，而且对我们自身的健康也有着不少的好处。其次是要手脚勤快一些，做完饭就赶紧将台面与锅具清洗干净，如果地上一旦不小心洒了一摊水也必须马上用拖把拖干。只要做好以上两点，中式烹饪与北欧风完全可以和谐共处。

和我们之前去的马格达莱娜的家一样，董琼夫妇的家给我们的最大感受就是简洁而实用。这两个家庭的最大共同点就是以空间的功能性为主，结合自身的生活习惯来选择和安排家具的摆放。虽然没有让人眼前一亮的惊喜，但在这样的空间中我们还是感受到了由衷的舒适感，没有丝毫的刻意与做作，显得随性而安然。

绿植

也许是因为家中的原木色占了很大比重的缘故，为了让空间的色彩饱和度降下来，董琼在家中摆放了不少各式各样的绿植。而提起它我们大家肯定不会感觉陌生，因为不少人喜欢上北欧风正是因为有了它们的助力，那些或清冷或温暖的北欧家居才能增添一份自然与清新。即使它们不像沙发、餐桌椅这些家具能够成为空间中当仁不让的主角，但我们真的很难想象少了它们的空间会变成怎样。

大自然总是能创造最精巧的组合和最震撼的视觉效果。一个没有生机的空间即使设计得再精美也没有丝毫意义，缺少了绿色小精灵的空间与一个囚笼也没有任何区别。那么什么样的植物能够出现在我们的家中呢，为了保护它们我们又该做些什么呢？

1. 琴叶榕

要说起近些年来席卷全世界的绿植界明星肯定非琴叶榕莫属。它的叶片形似芭蕉，但仔细一看却和小提琴有些相像，这也正是它名字的由来。因为它喜欢温暖、湿润和阳光充足的地方，所以我们经常能在朝南的客厅、卧室的窗边找到它的身影。

琴叶榕有大有小，大的能有 2 米高，而小的却只有 30 厘米左右。而在大型琴叶榕的盆栽中最被大家认可的是一种名为“棒棒糖”的造型。因为它的形状就和棒棒糖一样，视线以下是一根纤细的树干，而视线往上则是四散的枝叶。上半部丰满，下半部苗条，转念一想，这不是我们脑海中对“完美身材”的定义吗？

除了大型的琴叶榕被无数人追捧，小型的琴叶榕也是很多人的心头所爱。一个不大的红陶花盆上四散着那一片片饱满的枝叶，不管是在书桌、窗台还是边柜上都能让周围的空气也随它欢快起来。

不过琴叶榕的养护是件让人非常操心的事。因为25℃到35℃才是最适合它成长的温度，而到了15℃它就会进入休眠，如果在冬天室内的温度不能够保持5℃以上它很可能没有办法安全地越冬。北方的冬天还好，有暖气的滋润它可以很欢快地生活。而在没有暖气的长江以南情况可就不妙了，有时候能否捱过冬天全凭天意，非我们人力可以左右。

这是一位非常貌美但也非常难伺候的主儿，在带它回家前你可得好好地想清楚。

2. 橄榄树

看到“橄榄树”三字，我们的耳畔或许早已响起那首熟悉的曲子。相比那首耳熟能详的曲子，大多数人可能并不了解一个关于橄榄树的美丽传说……

相传在很久很久以前，希腊有一个山镇，人烟稀少、草木不生。海洋神波塞冬和智慧神雅典娜来到了这个不知名的地方，他们怜惜这些受苦的人们，都想成为这里的保护神，并用自己的名字为山谷命名。两人为此争吵起来，最后，他们决定让当地居民来选择。

海洋神说：“如果你们用我的名字命名，让我做你们的保护神，我将给你们数不尽的财富。”他用魔杖向天上一指，召来了一匹天马，“这匹马能给你们耕地，能替你们拉东西，能为你们带来许多许多的财富。”智慧神把魔杖往地下一插，泥土里顿时冒出两片叶芽，很快就长成了一棵枝叶繁茂的油橄榄，开着花，结着青果。智慧神说："我教给你们的是劳动的智慧，有了它，你们世世代代不会受穷。"

人们议论纷纷，最后，大家赞成几位长者的意见，让雅典娜做这个山镇的保护神——因为油橄榄全身都有用，但却有给人类带来战争和灾难的可能。

故事中的山镇就是今天的雅典城，山上有座神庙，那就是这个城市的保护神雅典娜庙。也就是从那时起，油橄榄在那里落根、繁殖，哺育了一代又一代的地中海人民。

与琴叶榕相似，橄榄树最流行的造型也是棒棒糖型。只是橄榄树的叶子更小也更密集。每年的 5 月到 6 月初它会开出白色的小花，9 月到 11 月份就能结出果实。如果枝丫长得茂盛还可以剪下一小段插在盆中，以插花的形式在家里的小角落留下它们的痕迹。而且不同于娇贵的琴叶榕，橄榄树就显得坚强了许多，甚至在零下 5 度的环境里都能顽强地生存下去。

3. 尤加利（桉树）

比起中规中矩的"桉树"，"尤加利"这个名字听上去明显更有感觉一些。在我们的印象中，一想起尤加利脑海中就会浮现树袋熊的身影，同样来自澳洲的哥儿俩可不知道在全世界圈了多少粉丝。

在家居中整株的尤加利并不多见，取而代之的则是一根根的树枝以插花的形式插在容器中，因此它经常出没在茶几、边柜或是窗台上。不同于有些绿油油的植物，尤加利的绿色显得很沉稳也很内敛，自带的清冷气息特别适合同样清新的北欧风。

尤加利除了外观的貌美，它自身带有的清凉的香味也深得不少人的喜爱。不过要注意的是这种香味并非每一个人都喜欢，如果你想要将它摆放在家中，可要记得先去花店亲身体会下它的香味。

4. 仙人柱

要说起懒人们最喜欢的植物肯定非仙人掌莫属，因为没有什么植物比它更能让我们省心了。即使偶尔外出一两个星期我们都不用担心它的安危，平时也只要偶尔浇浇水就能长得很快活。

仙人掌的品种非常多，除了我们家里最常见的仙人球，仙人柱这个品种在家居中也非常常见。不同于我们经常把小小的仙人球放在书桌、窗台这些地方，高大的仙人柱最常出没的则是房间的各个角落，就如大型的琴叶榕和橄榄树一般。

相比于其他有枝干有叶子的“树”，笔直向上的仙人柱对于空间的要求更低，因此在一些尤为狭小的地方也能有它们的一席之地。而且由于它在视觉上来得更为直接与简洁，在与其他的植物的组合搭配中它也不会显得过于臃肿而抢了其他植物的风头。

也许我们可以这么评价它：作为一盆大型植物，过于简洁的外形可能并不足够显眼，没有办法一个人撑起整个空间的颜值；但它却能够与其他的植物很好地组合在一起，用一种“植物角”的形式带给我们一个生机勃勃的角落。

5. 虎皮兰

一提起“如雷贯耳”的虎皮兰想必大家都熟悉到不能再熟悉了，毕竟它与绿萝可是号称两大除甲醛的利器。可是在我们关注它的实用性的同时或多或少地就会忽略它本身的颜值，这或许也就是为什么在各类家居图片中它的出镜率并不高的原因。

其实想要移除掉它在我们脑海中“屌丝”的形象，我们只需要将它原来的塑料盆换掉，换成一个别的材质的花盆即可。比如和白色的陶瓷花盆搭配在一起它就会变得干练而优雅，红陶花盆则可以带来一种质朴无华的气息。那么将它栽种于黄铜或是清水混凝土的花盆中又会给我们带来什么样的观感，大家不妨自己去尝试一番。

至于它的养护知识也很简单，只需要记住以下三点即可：

（1）光照不能太强烈，否则会导致叶片变暗或是发白，因此将其放置在半阴处偶尔受光照射是最佳的选择；

（2）虎皮兰最适宜的生长温度是 20 度到 25 度，而当室温低于 10 度便会有冻伤的可能，所以在冬天一定要保证它的温度。

（3）因为它是沙漠植物非常耐干旱，所以我们不能浇水过于频繁，否则会造成根茎的腐烂。宁少勿多，这是原则！

6. 无花果

虽然无花果树我们大家没见过，但无花果肯定有不少人尝过，再不济你也尝过无花果的果酱或是果干吧。虽然作为一种果树有着无可比拟的实用性，但我们也不能就此否定掉它的颜值。如果你家正缺少一盆绿植而你又喜欢无花果的滋味，那不妨在自己家栽种一棵小型的无花果树，这不正是一个两全其美的选择吗？

在北欧无花果树一般都以小型盆栽的形式出现。长长的枝条挺拔地裸露在空气中，而它的顶端稀稀落落地摇摆着手掌形状的叶片，纤细而又瘦弱，在北欧那清冷的空气中简直是人见犹怜。而且与其他的土培植物不同，无花果既可土培也可水培，准备一个透明的玻璃花瓶将它插在水中，隔着玻璃我们就能观察到它错综盘结的树根，真的好像一件上天制作的艺术品一般。

不过它在养护上就要比其他的植物来得要更烦琐一些，除了选择透气性良好的土壤、定期修剪以及保暖的需求，我们还要根据它的叶片大小来决定浇水的数量和水量大小。一般来说春季枝叶萌发时，浇水量要较少一些，盆土保持一定湿度就行了；随着枝叶慢慢地长大，气温逐渐升高，无花果也进入果实挂果期，此时要加大浇水量，早晚各要浇水一次，保持盆土湿润。如果浇水不及时，很容易发生枝叶萎靡、掉果等现象。进入秋季果实成熟期后，则要减少浇水量，太大的水分会造成果实开裂。遇到阴雨天除了要控制浇水外，还要注意防止盆内积水，以免发生涝害。

除了上面提到的几钟植物，还有不少的小精灵也值得我们花心思去了解一番，比如银杏、多肉、橡皮树这些都能在客厅、书房和卧室中给我们的视线添上清新的一笔色彩。当然还有特别合适洗手间的蕨类植物，乃至可爱的苔藓景观。其实并没有哪种植物特别适合北欧风或者完全不适合，植物最需要的是用心打理，时常修剪下枝干，偶尔挪到阳台上晒个日光浴。只要你真正地爱它们，那些绿色的小精灵才会尽心地为我们的家铺开一幅生动画卷。

▲ 中式的玻璃柜里面摆的是西式的餐具和茶具，这样子的中西融合在董琼家比比皆是。

▲ 得益于无比宽敞的空间，体形如此庞大的红木柜子看上去也是恰到好处。

除了餐厅中的餐桌椅，家里的其他地方也精心地摆放了和餐桌椅风格相延续的大型中式家具。比如这个被摆在公共空间中深红色的大衣柜，即用于储物也用作装饰。得益于宽阔的空间，这个体形粗壮的柜子竟然没有让我们感觉到笨重，反而柜门上的那些精美的雕花让人觉得它好似古时候的女子一般秀美而灵动。

聊起家中的很多家居用品，董琼也是很开心地指出这个是自己哪一年的团队做的。她对这些家居产品的喜爱，不只来源于工作的经历，更因为她对其发自内心的认同。有时候想想，生活中被自己创造的产品所围绕，是一件多么酷的事情！更酷的是，它们还进入了世界各个角落的千万家庭，让无数的人用平民的价格享受到了一点更美好的设计与生活。

可以选择的未来

董琼早在 20 年前的 1997 年就加入了上海的宜家，算是宜家在中国最早的一批员工之一，而出国后的她如今供职于宜家总部一个新成立的叫 Vatality 的部门。这个部门的任务用简单的话说就是“给用户惊喜”，比如促成宜家和其他大牌设计师或者艺术家的合作，或是做一些小巧而精致、让人出其不意的产品。

比如最近他们和当地著名陶瓷设计师合作的产品就在瑞典遭到了疯抢，两个月内就宣告售罄。这不由让人想到之前 Alexander Wang 和瑞典时装品牌 H&M 的合作，同时也从侧面可以看出瑞典人对家居的敏感与热情：大家都在买时装热款，北欧人还顺便捧出了家居爆款。张波也认同地觉得这样借助品牌效应更加容易吸引口味不可预测的年轻顾客。

董琼和张波一聊起自己的工作就停不下来。在对话中能感觉到这对于他们来说不仅仅是一份工作的选择，更多的是一种价值观上的认同。这个价值观里折射了很多他们自己对社会、对生活、对产业的观点与思考。

董琼夫妇的两个女儿目前都在国际学校读书。孩子们大部分时间都用英语交流，回家则讲中文。聊到孩子，夫妇俩感触最深的是中国和瑞典在教育方面的差异。比方在学钢琴这件事上，董琼曾经和所有中国家长一样都很在意孩子的演奏技巧是否娴熟。后来瑞典的钢琴老师就直言这样的侧重是一个错误，比技巧更重要的是表达自己："去犯错误，去抒发自己的感情，而不是集中所有力气去弹对每一个音符。"自那之后，董琼也思考了很多自己让孩子学音乐的初衷到底是什么，以及中西方教育理念上的差异。张波直言很理解国内竞争压力大的现状，难免出现越来越多以及越来越高的教育衡量指标。还是拿学乐器为例，孩子多半都会面对考级的压力，如果最终没有得到一个看得见摸得着的产出，这个时间仿佛就是浪费掉了。

在瑞典，家长和孩子的对话有着成人式的平等和认真。孩子提出要求，家长不论觉得可不可以，都会和孩子有商有量地对待，而不是觉得可以随意应付或者干脆为孩子做主。在这样的氛围里，瑞典孩子早早地就在人格上完成了独立，较少出现妈宝的情况。

张波还觉得瑞典的大学生，不论本科生还是研究生，都给人一种很成熟的印象。这种成熟来自大学期间就有机会得到很多实践经历、社会阅历，知道自己想做什么。所以当这些瑞典大学生刚进入职场时，一般都已经比较能确定自

▲ 其中的一间儿童房，从色彩的选择我们就能知道这里住着的是个女孩子。

▲ 玩具摆放得如此之整齐，看来平时董琼对孩子的要求可不低。

己的兴趣所在，对这个行业有一个不深但大致的了解。回忆起自己刚毕业时，张波形容是“突然地，还不知道是怎么回事就开始工作了”，没有考虑专业对不对口，甚至都不清楚自己喜欢什么。

董琼也是相似的状况。她大学是与物理相关的专业，纯粹就是因为非常崇拜曾经的一个物理老师，结果现在也做着和专业完全不相关的工作。现在大女儿已经高二了，也会问父母自己该选个什么样的专业呢。董琼的回答就是：选你自己真正喜欢的就好。她当然明白，十六七岁这个年纪也非常难知道自己喜欢和适合什么样的专业，但是年轻就是有资本去尝试。然后她又补充，其实到了自己这个年纪，在瑞典还是有资本去尝试去发现自己喜欢的工作。最好的结果就是现在手头做的就是自己的最爱。

▼ 不是所有的女孩子都喜欢粉粉的马卡龙色，中性的黑白灰同样适合她们。

董琼坦言不能 100% 确定现在自己做的是最爱的，但是至少这份工作是她觉得有趣并喜欢的。“人要找到自己最喜欢的那份事业可能真的需要一点时间，我觉得自己可能还没到。”张波觉得对他来说，只要工作、生活质量、家庭能达到一个平衡，那就是终极追求。因为他相信很多时候，在我们追求一种极端的时候总是会牺牲掉很多东西，而最终的感受未必会是幸福。

隔着中间的客厅和餐厅，两个女儿的房间和董琼夫妇的卧室被分别安排在了房子的左右两端。不得不说这样子的布局对于保证各自的隐私有着非常大的帮助。和风格沉稳的主卧不同，孩子们的房间则充满了更多的色彩，风格也非常活泼轻快。

人生的更多可能性

如果说前面的那间屋子还有些粉色的元素来体现屋子的主人是一名女孩子，那么当我们走进这间屋子的时候恐怕怎么也想不到它的主人也是一名女孩。说到这里就不得不提一提北欧社会的男女平等问题了。

通过董琼夫妇的介绍我们才得知这种根深蒂固的男女平等意识并不是等孩子们到成年了才形成，而是从小培养的成果。打孩子出生起，从社会到学校再到父母就一起努力打破这种刻板的性别枷锁，希望能给孩子们的人生注入更多的可能性。

就这样北欧的孩子们很幸运地避免了男生或女生应该做什么的抉择，从而能够听从自己的内心决定以后的人生方向。这让我们好是感慨了一番，每当听到身边的很多人说“教师”“公务员”这样稳定的职业才是真正适合女性，并且真的有女生就老老实实地听从这样的建议，再对比北欧社会中随处体现的性别平等，独立思考能力，不得不说我们还有很大的进步空间。

很多这样基于性别的考虑看似在为女性着想，归根究底却是从男权利益出发，而有些缺乏独立思考能力的女孩往往就轻易地被牵着鼻子走，放弃了自主规划自己人生的选择。她们不知道自己浪费了与生俱来的天赋，也不知道自己在人生路上错过了多少美丽的风景，就这样在平淡的生活中度过了碌碌无为的一生。国内父母总觉得物质是孩子赢在起跑线上的指标，却常常忽略了对孩子心态的“投资”。在这个崭新的时代，男女平等的心态不仅会让孩子“赢在起跑线上”，也能够让他们跑得更远更轻松。董琼的职业生涯其实就是一个非常好的例子：一个不给自己设限和贴标签的女性，可以在职场上走得多么精彩。

谈起房子这个话题，夫妇俩还记得刚来瑞典的时候竟然不可思议地看到很多人还住着房龄超过 100 年的老房子。这些年龄比我们的爷爷奶奶还大的房子在国内恐怕都会被当成危房了，但神奇的是这些老房子质量依然非常坚挺，经常比新建的房子在市场上来得更加热销。

至于两人如今居住的这所现代感十足的房子则是夫妇俩在大约四年前购买的。这栋房子是 2008 年建造的，在瑞典算是非常新的了。在他们住的小区，很多房子都是建筑公司提供模板，再由户主根据自己的需求和喜好做改动而完成。所以虽然面积相同，户型相仿，但仔细端详却发现每家每户都不尽相同。

对比国内房屋经常出现的质量问题，董琼告诉我们一件事：在一个刮着飓风的晚上，因为疏忽她忘记了把露天院子里的跳床收好。就这样在一阵狂风中，跳床像直升机一样被飓风猛地卷到了半空中，然后径直撞向了餐厅区域的房屋外墙，发出了一声巨响。当时只有她和两个女儿在家，心想：完了，不知道这外墙要被破坏成啥模样。谁知等飓风过去回头检查房子时，却发现这如陨石撞地球一般的碰撞竟然没有在墙上留下任何痕迹。不仅是外墙坚挺，和所有北欧新建的建筑一样，这栋房子的密封性也非常棒。除了外墙那出色的隔温效果，三层玻璃的保温性能也是极佳。这样的设计，在北欧这种大半年都是冬天并需要供暖的地方就显得尤为重要。因此整栋房子看上去虽然空间不小，但是供暖方面却没有太多的压力，非常节能环保。

说到供暖的问题，张波还提到了一个非常温暖的细节——那就是室内温度的设计。一个建筑业的朋友告诉他，一般来说人踩在地板上感觉到的最舒适温度应该是 22 度，但是这并不代表地暖就应该是刚好 22 度，因为这份温度到了头顶可能就变了。观察细致的北欧建筑师们自然也关注到了这个小小的细节，并在设计房屋的时候就考虑到如何去平衡这细微的温度差。因此即使屋内外的温度差别很大，可当你走进一栋瑞典公寓的时候却并不会感到丝毫的不适。要知道这样的人性化设计在瑞典已经成了一种标配。

▲ 在庭院晒着太阳喝着茶，看看远处的景色唠唠家常，这样的家与这样的生活如何让人不羡慕。

虽然现在的这间居所让两人感到十分的满意，但些许的遗憾也在所难免——那就是这间房子只有一个车库，而两人更需要的是双车库。

我们围坐在桌子旁，一边享用着老上海的点心，一边聊着天南地北的话题，其中当然不能少了“旅行”。因为除了美食，旅行就是董琼的最大爱好了。住在小小的欧罗巴，只要坐上火车后就可以体验一不小心离开一个国家的奇妙体验，短则 20 分钟就可能踏入了另外一片国土，听着不同的语言，感受异域的文化氛围。随着年龄的增长，董琼好像也对自然风光类的旅行目的地越来越有兴趣。比如挪威的峡湾，就是董琼当下最爱的风景。谈到最近一次游览峡湾，面对壮美的风光她甚至萌生了写书的冲动，想把多年来满世界飞的旅行生活记录下来，与同样热爱旅行的人分享。

露台

张波夫妇家的这个庭院的确让我们艳羡，毕竟生活于钢筋混凝土丛林中的我们平时是很难有机会直接与大自然亲密接触的。虽说一年中能够在露台上享受阳光的日子也就夏季那几个月，但北欧人对待自家的露台却是格外上心，那么他们又是如何来打造自家的露台呢？

1. 庭院地面。除了最为常见的防腐木和塑木地板，很多北欧人也会选择将草地、鹅卵石、砂石地与木地板结合起来使用。这样不仅能让自家的庭院显得与众不同，而且在视觉上也增加了整个区域的丰富性。

2. 绿植。公寓里的阳台因为面积的缘故肯定是放不下太多的植物，但庭院就不一样。这里不仅有足够的空间来容纳那些室内承载不下的大型植物，而且我们还可以选择大、中、小尺寸不一样的各式植物来增加视觉上的层次感。

3. 藤蔓植物。常春藤、蔷薇、爬山虎、牵牛花、葡萄藤……好看又好养活的藤蔓植物可是不少，除了单纯的爬墙，有些北欧人还会在庭院或院子里搭建棚子让这些植物蔓延到头顶上空。这样当阳光穿透植物打在地面上时就会创造出一片片斑驳的光影，这样的景象可是十分让人着迷的。

4. 花盆。就像我们为室内植物的花盆大费心思一样，北欧人在挑选户外花盆时也是“别有用心”。类似陶瓷、黄铜抑或塑料花盆虽然在室内可以随意选择，但在室外空间它们就不是那么合适了——因为它们身上带有太浓烈的人工痕迹，这和大自然的“有机形式”显然是格格不入的。所以在花盆的选择上它们会倾向于竹编、海草编织的篓子、各种石材抑或布袋这些形式，总之原则只有一个——更自然一些！

5. 灯光。虽然一些在新建住宅的庭院上，房产公司已经预设了地埋LED灯或是户外壁灯，但这些僵硬的形式肯定是满足不了北欧人民的。于是乎各种各样的灯笼、蜡烛就适时地出现在了庭院的地面、茶几之上，甚至在半空中也经常会有Led灯串的划过。

6. 织物。如果没有柔软的织物，那么再精美的家具也会显得有些生硬。就像在室内中必不可少的地毯、靠枕和休闲毯一样，户外也是少不了它们存在的身影。只不过它们并非一直都被放置在户外，很多北欧人会在大门处摆放一两个篓子用来存着它们。这样什么时候准备享受户外时光就能很方便地将它们召唤出来，也省去了取用之时东奔西跑的烦恼。

马格莱达
直到时间尽头也不想将就

时光本不分年轻还是年老，只要热爱生活，每段都值得珍惜。享受家居也从来不是年轻人的专属，与这个世界相处的每一刻都是自己的人生。

如果有人问起："你是什么时候爱上家居的？"也许有人会回答这是基因中自带的，也有人会认为是在学习了相关专业以后，但恐怕大多数人的回答会是："第一次装修家的时候。"也正是从那时起，"家"这个以前只被当作居住的场所也慢慢地被"生活"二字所取代。以前我们对家中的风格和家具的选择没有任何话语权，现在终于到了能够决定自己以后生活的时刻，试问又有谁不会感到欣喜若狂呢？除了满足基本的功能需求，我们总是想方设法地想让自己的家变得更加美好一些，因为这是我们生活的场所，是我们心灵的寄托。

如果那人接着问你："你会一直爱下去吗？"不知道你会如何回答。也许有的人只是一时兴起，那股劲儿会随着生活的忙碌和琐碎慢慢消失，直到还原成为"生存"的状态。而另一些人也许会一直爱下去，因为他们享受到了"生活"带来的美好，他们想要一直享受下去。

当"家"变成了"生活"，当"生活"变成了一种习惯，想必我们肯定不会放弃一个美好的家居环境，直到它陪伴我们走到生命的尽头。在遥远的北欧就有不少这样的老人，他们或出生或成长于1960年那个被称为黄金年代的时期，他们从小就被身边的设计氛围所围绕。在老人们几十年的生活中，生活方式会变，潮流会变，消费习惯会变，对风格的喜好也会变，但唯有那份对家居的讲究却日渐巩固，无法回头。

也许当初爱上家居的那股疯狂劲儿已经慢慢褪去，但随着时间的流逝，他们对设计的要求却已成为一种习惯融入生活的每一个小细节里。哪怕不是专业人士，当他们挑选起家居用品来口味也毒辣得能让我们刮目相看。从一只小小的水杯到厕所里储存马桶纸的筐篮，每一个角落都写着“不想将就”的用心。这份用心无需辛苦维持，反而能顺其自然地在一些人的家里扎根生长。因为有高品质生活带来的愉悦感作回报，因此这份投入充满可持续性。

今天就让我们去韦克舍走上一遭，去拜访一对老夫妇，看看他们的家，也听他们叨叨他们的“家居人生”。

新的生活值得永远期待

当我们一大早赶到韦克舍的时候马格莱达和丈夫古纳尔就已经在家门口等着我们的到来。虽然能够看出两人已经不再年轻，但好像那股老年人的迟暮感并未在两人身上显现。神采奕奕而又热情满满。

因为之前已经与夫妇俩有过交流，因此他们的一些基本信息我们早已了然于胸——虽然已经在韦克舍生活了好多年，但其实夫妇俩来自瑞典的首都斯德哥尔摩。“为什么要离开繁华的大都市转而搬到这个人口不过八九万的小城市呢？”刚一见面我们就迫不及待地想要解开困扰许久的疑惑。

“因为之前生活的地方太无聊了，所以我们希望搬到一个热闹一点的地方来。”原来之前两人长期住在斯德哥尔摩的郊区，每天开门就是一片茫茫的欧洲云杉林。几十年如一日地反复观看同一幅景象难免让人生厌，因此渴望变化的夫妇俩就决定换一个新的地方。

那么到底要去哪一个地方开启新的生活呢？对此夫妇俩一起设定了一些比较具体的筛选指标：比如人口不能低于 8 万，离最近的大城市不能超过 4 小时车程等。就这样在经过一番旅行考察之后他们发现韦克舍这个地方刚好满足他们的指标，于是就这么定了下来。虽然他们只来过这里一次，虽然在他们买下韦克舍市中心的房子之前两人在当地甚至都没有任何认识的朋友或亲人，但两人没有什么犹豫就买下了市中心的一套 147 平方米的正在建造的公寓。等到公寓一建成，两人立马就搬了过来。

“我们实在是对新的生活太期待了！”古纳尔笑着对我们说。

作为设计迷，两人自然也非常喜欢哥本哈根这样品位和格调都很高的大城市，但是在他们眼中，那终究不是一个适合老年人展开退休生活的地方。“大城市交朋友比小城市来得困难，如果没有工作的话很难认识新的朋友，我们可不想陷入太过孤独的境地。”而像韦克舍这样的小城市，人与人之间的距离更近，非常容易交到同龄好友，一起享受安逸的老年生活。

公共空间与私密空间

我们跟随着夫妇俩的脚步穿过一条略显昏暗的玄关走进他们的家。也许是因为视线还没有调节过来的缘故，当我们看到这个空间的时候惊讶得甚至都迈不开脚步。宽敞、明亮，虽然这两个词能够概括这个空间的特质，但那种视觉和心理上的舒坦和愉悦却是难以用言语来表达的。

▲ 开阔的空间再加上无与伦比的采光，我们不得不佩服夫妇俩挑房子的眼光。

▲ 与卧室、娱乐室这些私人的空间相比，会客区一般都要来得更为端庄，毕竟这里是招待客人的地方。

看着我们沉浸在这豁然开朗的惊讶之中驻足不前，古纳尔一边笑着一边招呼着我们往窗户旁的会客区走去，因为坐落在那里的那扇大窗户可是他们家最大的明星。

不同于在现代建筑中常见的落地窗，这扇垂直着的大窗户在视觉上带来的崇高感特别适合会客区这样的地方。两张相同款式的三人沙发以茶几为中心左右对称，窗边的两盏落地灯同样如此。其实在讲究轻松和惬意的家居环境中如此规整的布局并不太合适，但好在家中还有一个更加私人的休闲区，因此单独开辟一个用于会客的空间也并无不可。

不仅仅是北欧，只要是在空间允许的情况，很多欧洲人都会选择在家里设置这么一个会客区。不同于我们概念中的客厅，这个区域通常只有在家里来客人的时候才会热闹起来，主人平时的休闲时光并不会打发在这里。既然平日里我们一直在追求将工作与生活分开来的生活方式，在家中我们也不妨将“公共”

▲ 略显野性的斑马纹可不仅仅是年轻姑娘们的专属，也可以是头发花白的老奶奶的最爱。

和“私密”两种空间完全分开来，当然这样子做的前提是你得有一间大房子。

当我们走进这个区域，首先映入眼帘的就是浓浓的斑马元素。“我最喜欢它身上那种时髦和优雅并存的感觉，而且还有种若隐若现的野性，性感极了！”说起会客厅中的这个主题元素，马格莱达毫不掩饰对于斑马纹的钟情，特别是这张斑马地毯可是两人花了好大的功夫才从非洲买回来的。既然花费了不少的心思，夫妇俩在平时也对它爱护有加，不仅经常进行吸尘和清洁，也极力地避免在这个区域进行一些可能会弄脏它的活动。

除了马格莱达家里的斑马地毯，牛皮、羊皮地毯在北欧也是非常流行。也许有些动物爱好者会对这种用动物皮毛做地毯的法子提出异议，但也并非所有人都纠结于此，所以在这个问题上大家不妨对彼此宽容一些，不要用自己的价值取向来限制别人的选择。

靠枕和休闲毯

说起靠枕，大概很多人都只是把它当作是一个实用性的物件，好像它存在的理由就是为了能让我们在沙发或是床上坐得更舒服一些。但在北欧风当中它所起的作用可不仅仅只是功能上的，百变的它甚至能够决定整个空间的主题和色调。

就拿客厅来举例，在墙面、地面和沙发、茶几这些大件家具上大多都是黑白灰与原木色（咖色），其余彩色出现的频率可谓少之又少。尽管这些颜色最百搭、最持久也最适合家居环境，但如果一整个空间都只有它们而没有别的色彩，未免显得太过于单调与乏味。而靠枕和等会儿要介绍的休闲毯正是解决这个难题的关键，不管是单纯的彩色还是搭配各式的图案或是纹理，它们都能让原本平静的空间变得活泼并跳跃起来，同时也能够丰富我们的视觉体验。

就比如马格莱达家里的会客区，因为地面、墙面和沙发、茶几都是白色和原木色这两种基底色，先不说这样子的搭配太过于平庸且不够个性化，在空间如此宽敞的情况下这样的色彩组合带给我们的也只会是平乏的视觉体验。而当马格莱达铺上了一块斑马纹的地毯和相同图案的靠枕之后，原本的空间立马来了个大变样——虽然还是黑白灰和原木色的组合，但视觉立马跳跃了起来，主人的个性也得到了最好的体现。

除了像马格莱达那般在图案上动些小心思，我们也同样能够在材质和色彩这两方面做一些差异化处理来得到最棒的视觉多样性。

首先是色彩的选择，在这里我们可不能随心所欲，不管是色相、饱和度还是明度我们都得先看沙发的颜色。因为依照色彩和谐法则，除了黑白灰的沙发能够搭配同为黑白灰的靠枕，我们在选择其他彩色的时候都得以沙发的色彩明度为基准来确定靠枕颜色的深浅。如果沙发的颜色较浅，那么我们就得选择浅色的靠枕，反之亦然。当然在保证总体色彩和谐的情况下，我们也可以用一到两个“叛逆分子”来制造局部的色彩对比来增加组合的趣味性。

除了最重要的色彩，我们也不能小瞧了材质的选择，因为不同材质的靠枕搭配在一起才能让我们的视觉显得更有层次感。常见的材质除了稍显粗犷的亚麻，还有更加细腻的棉麻、手感顺滑的毛绒和羊毛以及有些跳脱的丝绒等等。这些不同的材质或细腻或粗犷，不用通过我们的手，只需要视觉就能轻易地分辨出来。一般来说小型的三人沙发需要两到三种不同材质的靠枕，稍大一些的则可以选择三到四种。不过大家也不要像大杂烩那般使用太多不同材质的靠枕，否则不仅没办法制造视觉的层次递进，还会造成一种杂乱无章的感觉。

至于靠枕上的图案，除了最耐看的纯色靠枕，简洁的几何图形也同样有着不低的出镜率。当然像马格莱达和古纳尔家中的动物头像也在我们的选择范围之内。总之，只要记住图案不要太花哨，不要出现各种迷人眼的小碎花，再在色彩的搭配上遵循色彩法则，最后的结果总归是不会太差的。

说完了靠枕我们不妨再顺带提一下它的好搭档——休闲毯。与靠枕一样，平时生活中的我们总是把它当作一件御凉之物，只会在午睡或是小憩的时候

▲ 惊人的尺寸，值得玩味的奇思妙想……主人的童心在这个细节上一览无余。在征得了主人的同意后我还亲手把它抱了起来。居然是一颗滑溜溜的空心樱桃！后来查了资料才发现它的材料是纤维石。难怪主人告诉我说可以把它放在阳台上当装饰，不用担心风吹雨淋哦！

才会想起它。其实它在空间中起到的作用和靠枕一样——增加视觉层次，制造视觉焦点以让整个空间显得更为丰满。

在选择休闲毯的时候我们可以完全照搬上面提到过的选择靠枕的三大要素——色彩、材质与图案。保证色彩和谐，在材质上做差异化的处理，选择与空间主题相关的图案就是选对休闲毯的三条法则。

老来优雅

天生乐观的他们在退休之后更是把生活过成了一副年轻人的模样。除了每年必不可少的旅行度假，平日里他们还在韦克舍当地报读了一所老年大学，那里定期地会举办一些讲座来丰富老人们的日常生活。

回想起两人第一次去听一门艺术鉴赏课的情形，那间大教室里居然被来上课的老人们挤得水泄不通，竟连一个座位都难觅得。别看一屋子的老人大多都已头发花白，但上起课来的认真模样却一点都不输给年轻人。他们有的勤奋地记着小笔记，有的拿出录音笔，一脸专心致志的模样听着老师讲课。说到这里马格莱达还特意拿出了她的小笔记给我们看，还向我们介绍笔记上的内容。看着她侃侃而谈的认真样儿，我们真的有些难以相信他们都是些本该颐养天年的白发老人。

▲ 虽然两人的头发都已花白，但乐观开朗的他们给我们留下的印象却仿佛两个长不大的孩子一般。

除了两人最喜欢的与艺术相关的课题，夫妇俩还喜欢历史课与文学课。在那里，这两个从首都远道而来的外地人交了很多当地的同龄朋友，有时候下了课大家也会找一间咖啡馆聊聊天，就连每年的度假旅行也因为人数的增加而变得更加热闹了。

从会客厅出来绕过餐桌就是厨房的所在。这里给我们的感觉和会客室如出一辙，那种干净而又素雅的气质在阳光的映衬下体现得淋漓尽致。虽然这个厨房看上并不宽敞，而且那条过道让它更显局促，但此时站在这里的我们却并没有任何不适的视觉体验。原来在房子当初装修的时候夫妇俩就注意到了这个房屋结构上的缺陷，因此在确定厨房颜色的时候提议选择了浅灰色，就连厨房的台面和冰箱也都是银色的不锈钢。

“为什么不干脆把橱柜和冰箱都换成白色的呢，这样子岂不是能够更好地弥补空间上的缺陷？”虽然眼前的这一幕效果并不错，但对于白色有些偏执的我们还是略表不解。

“其实当初我们也考虑选择白色，但考虑到厨房是开放式的，我们又担心全白的做法是不是有些太空旷了，我们也就选择它了。”古纳尔向我们解释道。

想象了一下如果是全白的厨房会是一番什么模样，最后我们不得不承认如今的做法还是要更高明一些。而且为了让视觉显得更加丰满，夫妇俩还在这里铺上一张与公共空间当中类似款式的摩洛哥地毯，既能防止不小心溅出的水会糟蹋地面，又能让人在厨房的一瞬间就找到视觉焦点。

▲ 因为厨房过于狭窄，因此夫妇俩选择了白色和浅灰色的家具和装饰物来保证视觉上的轻盈。

厨房收纳

每次看到北欧人的厨房想必我们都会顿生不食人间烟火的感受，其实别看他们的厨房干净整洁得好似样板房一般，但是一打开北欧人厨房的柜子，有时候真怀疑他们是不是在家开餐厅。和中国人两把菜刀走天下的简洁不同，北欧人对于厨具的要求格外高：N 把刀，至少四五块切菜板，每套杯盘来个十个二十个，整套的量杯量勺，搅拌器，打蛋器，切蛋器，切洋葱西红柿器，注水器，肉心温度计，各式烤盘，各式锅铲，几十种香料……虽说北欧人的厨艺不值一提，但是他们的厨房收纳艺术倒是非常值得我们学习。

1. 抽屉内区隔分区。小到刀叉勺，大到锅盆，都可以找到适用的工具把它们分类固定在抽屉或橱柜里。算好锅碗瓢盆的尺寸，多调试发现最优收纳方式。

2. 调味瓶。调味瓶的包装难得好看，好看又可以和谐相配的可以摆在台面上当装饰。北欧风和老干妈，目前在视觉上仍然无法完美兼容，这是一个世界性的难题。所以想要北欧风，你就需要顾全大局，将颜值不高的做饭法宝集中起来，关好。我在瑞典有个大厨朋友，家里厨房的台板上总是干干净净，但是做的菜却滋味丰富。有一次在旁边看她腌牛排，只见她打开一个柜门，挑出了一捧调料瓶子搁在灶台边，利落撒在牛排上后，就又马上放回了柜子里。这个好习惯，非常有助于保持北欧风厨房的简约。

3. 清洁用品。在北欧的家居店里，经常可以看到包装很有设计感的厨房清洁用品。没错，连洗洁精、洗手液都被收入了家居范畴。讲究的北欧家居爱好者一般只留有设计感的瓶子装洗涤剂，放在水槽附近。

4. 厨房储物间。有个厨房储物间是很幸福的，就比如刚开头我们在马格达莱娜家里见过的厨房储物间一样。这类空间一般在三平方米左右，一层层的架子绕着三面墙，上面分门别类摆满了各种食物和器皿。再装上一个感应灯，门一开自动点亮，完美。

中岛厨房的替代。Kitchen island 是大厨房的专利。很多北欧人嫌 Kitchen island 太笨重，干脆用一个两层推车代替。最上面那层可以做菜，或者放置已经做好的食物和客人可以自取的酒水小食之类的，下面那层可以放一些原材料，锅碗瓢盆，甚至种在花盆里的调味植物，方便拿取。

橱柜上的东西并不多，除了几样北欧人常用的调味品之外只有一些做饭用的器皿。而在水槽边的窗台上马格莱达则摆放了一些自己喜欢的小摆件。每当站在这里洗菜或是洗碗，看着这些精细小巧而且带着回忆的小物件，马格莱达的心情总是会不自觉地愉快起来。

▼ 这些小摆件虽然并不起眼，但不经意间的一次回眸你就能发现它带给你的惊喜。

▲ 如果厨房的采光不错那倒是可以添加一些鲜艳的颜色，至于色块的大小则取决于厨房空间的宽敞程度。

北欧风的厨房和其他的空间一样，依旧遵循着黑白灰与原木色的主色调。在客厅中我们有抱枕、装饰画以及各类摆件来活跃空间，在卧室中我们也能够通过床盖、休闲毯来增添一抹色彩，那么在厨房中又有什么东西能够点缀我们的眼睛呢？

1. 冰箱

要说冰箱最常见的颜色肯定是金属色（不锈钢色）和白色了，黑色虽然少见，但我们还是能在一些追求个性的人家中发现它们，但是红色、黄色或是蓝色这些彩色的冰箱你们有见过吗？

虽然金属色和白色的冰箱最百搭也最适合面积不大的厨房，但如果你家的厨房足够宽敞，或者干脆是个开放式的厨房，我们就可以在冰箱的颜色上动一动小脑筋，用它来把厨房和外面的餐厅或是客厅在视觉上联系起来。

打个比方，如果你家的客厅中有一个黄色的靠枕或是休闲毯，那么你既可以选择相同颜色的黄色冰箱也可以选择黄色的互补色——蓝色冰箱。这样客厅中的色彩元素就会随着空间的变换出现在厨房当中，那么不管我们身处厨房还是客厅，都会在潜意识中感觉自己是在一个整体的家中。

2. 厨房小电器

烧水壶、保温壶、电饭煲、咖啡机、面包机……这些我们每天都要用到的物件在厨房中肯定是必不可少的，而且为了使用方便，我们大多直接将它们摆在橱柜的台面上。既然我们选择将它们留在视觉当中，那在挑选这些电器的时候就不得不好好地下一番功夫，在保证性价比的同时尽可能地追求高颜值。毕竟一走进厨房就能看到那些美貌的物件，无形中就让我们的心情变得灿烂一些。

3. 锅碗瓢盆

在我们的印象中，没有什么美食是一口大铁锅所解决不了的，那个黑黑的家伙不仅能炒菜也能熬汤，既能蒸馒头也能烤鸡翅，好像有了它就不需要别的锅具了。虽然它的实用性无可比拟，但那黑不溜秋的模样却让人心里有些膈应，有时候心情不好时看见它那脏兮兮的样子，你还有欲望去做一顿美食吗？

所以在平时不烧饭的时候我们不妨把大铁锅藏进橱柜里，然后再去淘一些既可煮面又可烧菜还能煲汤的珐琅铸铁锅，比如大名鼎鼎的 Le Creuset、Dansk、Lodge 这几个品牌。不管你平时是否经常做饭，相信只要将它们摆在炉灶上，单就远远地看着它们也是极佳的视觉享受。

除了五颜六色的珐琅铸铁锅，我们也不能忘了黑白灰的好搭档——红铜、黄铜和不锈钢锅。尤其是像法国品牌 Mauviel、意大利品牌 Ruffoni 和比利时品牌 Falk Culinair 之类的红铜锅更是能让精致和优雅的气息在厨房飘散开来。

4. 餐具

一个合格的吃货除了对食物本身的味道有着很高的要求，相信一套精美的餐具在他们心中的分量同样沉重。北欧人对于这些器皿的喜爱也是出了名的，而且有时候一买就是一整套好几十件。他们有时候会为了节日的到来特意换上一套平时不用的餐具，有时候甚至只是因为想换一种心情就购买一套新的餐具。在他们看来一套衣服可能穿个几年就会过时了，但一套设计经典的餐具却能用上一辈子，因此即使餐具的价格再贵，只要自己喜欢就会狠下心购买。

除了用来盛放美食，将餐盘当作装饰品挂在墙上也是不错的选择。只要偶尔将挂在墙上的餐盘换一换就能重新装饰一整面墙，没有比这更方便更简洁的方法了。

在厨房另一边的过道旁夫妇俩挂上了几幅自己喜爱的装饰画。因为北欧的饮食并不像我们国内有着那么浓重的油烟，因此只要平时偶尔用抹布擦拭一番就能保持那副窗明几净的模样，让这个略显无聊的狭长区域也变得有范儿了不少。

当我们参观完外面的公共空间准备去看看主卧的时候，夫妇俩带我们走进了这个空间，其实这就是我们前面提到过的“客厅”。因为大部分的时间家里只有夫妇俩人，因此这个空间才是他们待得最久的地方。对比外面会客厅那有

▲ 在如此狭窄的过道空间中最适合的肯定是黑白灰的装饰画无疑了。

些高冷的格调，这个私人客厅就来得要生动活泼得多。平时两人坐在这里喝喝茶看看电视，过过二人时光，就是这个空间最重要的功能。

也许大家在第一眼看到这两张扶手椅会觉得它们有些太过于花哨，其实当我们刚进入这个空间时也有相同的感觉。不过好在这个空间足够宽敞，而且与外面的公共空间是互相连通的，因此除了刚进来那会儿有些被惊讶到，等到我们的视觉习惯之后会觉得很有趣，可以感受到主人内心的小小追求。问及夫妇俩为何选了一款如此花哨的家具，他们答曰：“因为这些花花草草让我们感受到了年轻的活力。”

虽然家里有着不少价格昂贵的设计师品牌，但是夫妇两人对瑞典的国民家居宜家也是赞不绝口，就比如这一排兼具电视柜功能的书架。在入手它之前为了找到一个合适的柜子，夫妇俩也是花费了好一番功夫逛了很多的买手店。虽然设计感不错的柜子并不少，但因为尺寸不合适的问题却不合时宜地横亘在了夫妇俩的面前。正当俩人为之苦恼时，一次无意中的宜家之旅竟然就帮助他们找到了这款尺码完全相符的柜子，造型简洁大方，而且还非常便宜。

看到这两把扶手椅，“性冷淡”这个词儿竟然完全无法出现在我们脑海中。不知何时开始，北欧风 = 性冷淡在潜移默化中居然成了我们对于北欧风的唯一印象。其实大家有所不知，网上流传的很多“标准北欧范儿”图片来自于北欧的房产中介公司。他们为了能以更高的价格销售房源而请了专业的设计师和软装搭配师来为房子添加附加价值。因此这也就能解释为什么这些房子总给我们以“缺乏生活气息”的感觉。

虽然在北欧当地也一度流行以黑白灰为主的简约风，但这几年风向也慢慢地开始转变了。不知是不是全球气候变暖的缘故，他们对于色彩的向往不知怎的就强烈了起来。在这几年中我们能够明显地感受到越来越多的普通北欧人勇敢地向大白墙说不。不管是沙发、餐桌这些大件家具，还是地毯、装饰画这些装饰物，或鲜艳或温暖的色彩也逐渐地在他们家中出现。虽然失败的案例数不胜数，但是比起千篇一律的“性冷淡”，敢于尝试不失为一种拥抱明天的绝佳方式。

▲ 老人们的内心与我们年轻人可不相同，这些在我们看来花哨无比的图案也许正是他们所喜欢的。

▲ 不管是看书看电视还是靠在扶手椅上小憩，这个介于公共空间与私人空间其中的地方都能完美地胜任这些要求。

电视背景墙

一提起客厅的装修，那么电视背景墙肯定是我们绕不过去的一道坎儿。在网上各种风格各种样式的电视背景墙好像植物园的花圃那般让人应接不暇，可是此时此刻的我们又有多少人问过自己这样一个问题——这东西是干什么用的，难道仅仅是为了好看而已？恐怕没有人知道电视背景墙是如何兴起的，但它就是这样流行了这么多年，慢慢地变成我们装修时不可或缺的一个部分。那么在遥远的北欧也同样存在着电视背景墙一说吗，如果是的话，他们那儿是不是有什么别出心裁的做法呢？

其实只要稍对北欧风有过了解的人就会知道在北欧根本就不存在电视背景墙这个概念。他们只是把电视背景墙当作一堵普普通通的墙，和空间中其他的墙面并没有任何区别。

当然如果空间比较大，一整面墙只有一个电视柜和电视未免显得有些空旷，因此为了让视觉显得更加丰满，他们会在墙面上做一些装饰，比如壁挂烛台、置物架或是几幅装饰画等等。在这些壁挂装饰中，挂钟、挂毯和装饰画这些能够随意更换的装饰品更是他们的最爱。想让客厅换一个模样？只需要把客厅的装饰画和其他空间的挂毯或是挂钟对调一番不就大功告成了吗？

除了最普通的大白墙，将地面上的白色地板铺到墙上也不失为一个妙招。这样既能让电视背景墙与周围的墙面保持一致，地板拼接处留下的细微缝隙又能制造出非常不错的视觉凹凸感，从而让整个空间的立体感也得到了不小的加强。

而在一些老建筑改造的案例中我们也能经常发现砖墙出没的痕迹。出于对历史的敬畏和缅怀，大多数的北欧人碰到这种情况都会选择保留裸露的墙面，不管砖头本身的颜色是红还是稍微偏黄，它们总能够给空间带来一种有别于其他材质的温暖感，这恰恰也是最让我们着迷的地方。至于将砖墙刷白的情况虽然不多但也同样存在，它的视觉效果和我们上面提到过的白色木地板上墙类似——制造视觉凹凸感，从而增强空间的立体感。

在客厅的一角夫妇俩摆放了一张从原来住所搬过来的老式书桌，配上同样造型的椅子和摩洛哥风格的地毯，这个角落实在是复古到性感，让人一坐下来就能感受到一股岁月沉淀下来的气味。因为马格莱达有写日记的习惯，因此这个地方大多数的时候都是她在使用。不过古纳尔有时候也会坐在这里打开电脑，通过互联网来了解外面的世界正在发生什么有趣的事情。

除了书桌椅这一整套的家具，墙上的田园风油画也是夫妇俩特地挑选的，它不仅能让这个有些严肃的角落活泼起来，还能与不远处的扶手椅形成一个元素上的对应。

据夫妇俩介绍这套书桌椅是他们年轻的时候购入的，距今已经好几十年了。虽然远远看上去保养得很好，但当我们走近前去却还是能够发现那些并不明显的使用过后的痕迹。在北欧的旧货市场上这样子的座椅并不少见，有些被保养得很好而有些却稍显破败。

▲ 有人嫌弃老式家具过于陈旧，有人却对它们身上的岁月痕迹着迷不已，没有对与错，只有喜欢与不喜欢。

我们询问夫妇俩是否有天会因为新的家具到来而将它卖掉，夫妇俩摇了摇头说道：“不会，毕竟已经陪伴我们几十年了。它就好像我们的一位老朋友，我们当然是舍不得它离开的。”

书与书架

北欧人是出了名的爱看书，不论去沙滩度假，还是在交通工具上，总是能看到他们捧着口袋书（pocketbook）或者电子书看得入迷。如果大家去过北欧旅游，那么即便是在机场那么嘈杂的环境也时常会看见这样的场景——一对爸爸妈妈和几个年龄各异的孩子或坐或站，人手一本书，安静阅读。太阳打在空旷的大理石地面上，照着那一家人的侧影。他们彼此之间没有交流，偶尔的翻书声沙沙响起。最小的孩子时不时用手背把粘在额前的细碎金发往脑后捋捋，爸爸则时不时换着靠墙而站的腿……这样的场景对于生活在浮躁社会中的我们来说不可谓不吃惊，然而生活中我们还可以看到更多的爱书身影。

我们都知道北欧人偏爱简洁的家居风格，可是哪怕他们再喜欢精简家中物件，很多北欧人也舍不得放弃众多的藏书。所以在北欧人的家中我们经常可以看到大半面墙的藏书装在精心挑选的书架上或者书柜里，封印着很多只属于主人自己的阅读记忆。既然书本对于他们而言是如此重要，那么承载这些“宝贝”的书架北欧人又是如何选择的呢？

毫无疑问，白色、黑色或其他中性色的书架是绝大多数人的选择。作为与墙壁同处于一个视觉平面的书架，它最难能可贵的品质之一就是低调隐形。就像一场演出，除了在舞台当中大放异彩的主角，旁边总得有人当伴舞。沙发、扶手椅、茶几这些家具既然当仁不让地占据了主角的地位，那让书架退居幕后也不失为明智之举。

其实最近这几年在北欧正流行复古范儿的玻璃门书架，这种带门的书柜有一个隐形好处就是里面的搁板以及书本不容易落灰，非常适合那些不爱打扫的懒人。

当然一个貌美的书架除了适量的书籍还得有装饰品来点缀，比如雕像、小幅装饰画、照片、烛台、植物或者收纳盒。这些充满了个性的装饰品不但能驱赶走书籍带来的沉重感，还能为整个空间增添更多的生活气息。

起初我们并没有对一间老人的卧室抱有太大的期待，但在房门打开的刹那我们却有些不敢相信自己的眼睛——出现在我们眼前的竟然是一套紫红色的床上用品！更有意思的是主卧中的床并不是我们想象中的一张，而是由两张小型的英式铁艺床拼在一起。

紫红色的床品搭配金色的床架，我们难以想象这会是一对年迈老夫妇的卧室。想想年纪轻轻的我们都未必想到在卧室中运用如此大胆而暧昧的色调，但是马格莱达夫妇却大大方方地给我们做了一个有趣的示范，真是酷到让人拜服。

床

一提起床的样式，大家脑海里首先浮现的可能是欧式风中的雕龙画栋和美式风中的厚重沉稳，那么什么样的床比较适合轻盈的北欧风呢？其实从夫妇俩的选择中我们就能略窥一二，那就是尊崇一个原则——低存在感，而其中的关键就是“床头板”。

床头板是一个非常容易被我们忽视的元素，即使有些细心的人注意到了它的存在，却只会关注它的款式如何，是简洁还是繁复，是四四方方还是别出心裁。要知道不管床架的款式和材料如何，只要我们有心想要隐藏它，一块床单就能办到。但是床头板呢？不管你用多大号的枕头或抱枕都无法完全地掩盖住，而且因为它所处的位置往往是我们视觉的中心，所以它也就成了天平上那个最后的砝码，不管往左偏一点还是往右偏一点都会影响整个卧室的视觉效果。接下来我们就围绕着这个“焦点”来谈谈床的选择。

1. 无床头板床架

在北欧风的卧室当中出镜率最高的是什么床——毫无疑问肯定是床架，就是没有床头板的床。这种非正式的做法在无形中给我们提供了一种随意、自然、不做作的感觉，而这种氛围恰恰是卧室这种私密空间所必须拥有的。

可能你会好奇如果没有了床头板该如何靠在床头，抑或担心长期头靠墙壁会不会在墙上留下难看的痕迹——其实你要做的就是买两个高枕（中枕当枕头，高枕当靠背，类似酒店的做法），然后调整下自己的“躺姿”就行了。

除了能够给我们轻松惬意的感觉，这种单用床架的做法在后期的软装上也是好处多多。在保证床品为白色的前提下我们只需要改变枕套的颜色就能改变一整个空间的基调。当然在保证白色枕头 + 白色床品的情况下我们也可以通过改变床尾休闲毯的颜色或款式来达到相同的效果。

2. 白色床头板

如果你实在是接受不了没有床头板的床架，那我们也可以退而求其次选择一张床头板为白色的床，比如宜家的马尔姆。在背后是白墙的情况下它可以隐入那一片雪白之中，尽可能地把视觉空间让给卧室中的其他物件。而如果是灰墙也不用担心——选择白色的枕头，让它与枕头在视觉上合为一体。

3. 铁艺床

虽然说铁艺这个元素会让我们不由得联想到美式乡村风格，但它和“北欧”其实并不冲突，而且在北欧风的卧室中同样非常常见，就比如夫妇俩主卧中的那张床。圆润的造型搭配上纤细的黑色线条，既不会给我们的视觉带来负担，而且还能恰到好处地制造视觉对比。

4. 布艺软包床

布艺软包床在北欧同样有着不低的出镜率。比起木板床和铁艺床那略显生硬的线条感，布艺床可以用它柔软的质感让卧室这一整个空间也变得更加亲切起来。而在所有颜色的布艺床当中最常见的又属灰色的布艺床，因为灰色作为一种中性色可以与任何的色彩和谐共处，只要保证两者的明度一致即可。

5. 实木床

近几年“环保家具”的概念越来越深入人心，这也让各种实木家具越来越多地出现在我们的家中，卧室当然也概莫能外。看着这种被冠以“日式”或是“新中式”的实木家具，我们不禁疑惑：它们真的和北欧风搭吗？

“不能说不搭，但也不太好搭。”虽然在北欧当地的家居网红、杂志和中介的图片上还真的很少出现这种类型的床，但也有一种情况除外——中古风。如果你恰好也是这种风格的爱好者，那么要记得过深的胡桃木和过浅的白橡木都不是最好的选择，只有偏红的柚木与樱桃木才适合。

▲ 既然没有自然光，那么我们不妨试着将人造光发挥到极致吧！

在走进洗手间之前，我们看到的房间无一例外地明亮而又宽敞，但是在这里呈现的却是一种晦涩的气息，因为这个浴室没有窗户。一个没有自然光的空间是不适合我们居住的，一个没有窗户的浴室自然是我们都不愿意碰到的情况，但有时候因为房屋的结构问题我们也不得不和夫妇俩这般无奈地面对它。

马格莱达告诉我们起初他们也很绝望，一个面积如此巨大但却没有任何采光的浴室简直不可想象。为此他们花了不少的时间在电脑和杂志上想要找些灵感，最终却并没有找到一种他们认为合适的方案。正当夫妇俩为之苦恼不已时，一次去外地的旅游竟然让事情出现了转机。当他们看到布满钟乳石的溶洞被各式各样的灯光渲染得如同仙境，于是他们就想到了用灯光来打扮同样昏暗的浴室。

于是乎他们干脆选择了灰色的墙砖和地砖让整个空间的色调变暗，然后再通过偏黄的暖光来呈现一种与白色浴室截然不同的视觉效果。还记得之前在哥本哈根我们见到的安娜的小黑屋吗？其实两者运用的是同一种设计手法。想必我们自己的家中也总会或多或少地存在类似的采光不佳的空间，我们为什么不试试这一种做法呢?

浴室

除去夫妇俩的洗手间因为采光不佳的缘故选择灰色调这么一种反其道而行之的方法，其实大多数的北欧浴室还是以明亮的白色调为主。虽然总有人担心白色的墙砖会不耐脏，但对于浴室这种不甚宽敞的地方却没有什么比简

▲ 灰色的瓷砖在暖光的笼罩中显得格外静谧与温暖。

洁、轻松来得更加重要。大面积的白色不仅能让空间看上去更加宽敞，那种明亮的观感也能打消我们对于浴室永远都是阴暗、潮湿的成见。

在墙砖的选择上浴室的做法跟厨房没有区别，大多用的也是白色的地铁砖、小方砖、六角砖或是面包砖。只是在淋浴间这么一小块的墙面上有些人会选择更加个性化一些，用马赛克或是花砖来制造亮点。

因为浴室总是和水脱离不开关系，因此在地面上使用瓷砖也就成了绝大多数人的选择。黑白灰和原木色这几种色彩最为常见，但也有人将马赛克和花砖铺在了地面上。这种做法在浴室的面积不大的情况下不会出什么问题，但如果地面的面积不小，马赛克和花砖就显得不那么适合了。前者的比例太过于密集，后者那繁复的图案也会造成我们的视觉混乱。因此，在地面上选择黑白灰和原木绝对是最正确的选择。

参观完夫妇俩的房子之后他们邀请我们来阳台坐坐，因为马格莱达准备了一盘新烤的甜点在那里等着我们。当我们在古纳尔的招呼下刚刚落座，不一会儿马格莱达就端出来一盆刚刚出炉的蛋糕放在阳台桌上。在开动之前马格莱达还特地折了一朵小花放在蛋糕上作为装饰，因为她觉得这样会让蛋糕变得更美味一些。

而在我们享用蛋糕的时候马格莱达也没闲着，她拿起角落里的洒水壶给阳台上的每一样植物都浇了一些水，有时候还弯腰拨弄一番被风吹乱的枝条。而她的丈夫一边和我们聊着天一边双眼不离远处的妻子，生怕一个不留神她就会消失一样。

▲ 不仅北欧的年轻人们热衷于在阳台上举办聚会，老人们也喜欢在蓝天下与朋友们谈天说地。

在难得一见的阳光之中，在一片郁郁葱葱的掩映之下，我们羡慕地看着这一对普普通通的老夫妇。不知道等我们白发苍苍的时候是不是也有一个人陪在我们身边看着日出日落，一起享受生活带来的幸福。

▲ 阳台上的植物并不多，但无一例外地都被马格莱达悉心地照料着。

阳台

在北欧人的生活中，阳台这个空间一直占据着非常重要的地位。从空间属性上来说它是家与大自然的衔接，而在生活中这里更是他们拥抱大自然的不二之选。在这里他们除了会养一些观赏性的绿植，还会种一些薄荷、罗勒、迷迭香之类的食用植物。如果周末有朋友来访，那么他们更是会把会客的地方搬到阳台上来，准备好新鲜的食材再架上烧烤架，一边享用美食一边庆祝这欢聚的时光。

为了能让阳台与室内的环境连接得更紧密，在地面上大多数的北欧人都偏向于防腐木地板，这样子即便场景在室内与室外之间切换也不会在视觉上造成巨大的落差。特别是随着时间的流逝，防腐木地板的表面会呈现出一种历经风雨后的破败与沧桑感，这种感觉尤为迷人。

除了防腐木地板，近些年一种叫作“木塑”的材质也逐渐地在阳台上流行开来。顾名思义，这种材料就是木材与塑料的结合，虽然在外观上没有真正的木地板那么真实，但它胜在环保性高、打理方便以及超强的耐用性。

除了上面所说的两种“木地板”，水泥自流平和瓷砖有着不错的出镜率，至于最后选择哪种做法还是要看大家自己的喜好。

风格就是把自己喜欢的东西放在一起

当所有人都坐在阳台上休息的时刻，我们也趁此机会在脑海中回顾了一番刚才参观的场景。“能说说你们家到底是什么风格吗？”思来想去我们提出了这个让我们有些困惑的问题。夫妇俩在听到问题之后明显地迟疑了一阵，然后摇了摇头。“没什么风格，我们所做的只是把自己喜欢的东西放在一起而已。”看着一脸不解的我们，古纳尔接着说道：“如果一定要有一个风格，那就是希望客人能在我们的家里看到我们的影子、我们的生活气息和我们的生活方式。”

虽然夫妇俩对“风格”满不在乎，在装修的时候甚至都没有考虑过这个问题，但事后想想还是存在着几个让我们印象颇深的关键点，首当其冲的就是无处不在的“艺术”。

从玄关到客厅再到厨房、卧室，各种各样的油画与装饰画自打一走进这间公寓起便让我们有一种走入画廊的感觉。从野兽派、表现主义到抽象派、抽象表现主义等等，夫妇俩的收藏并不局限于某一个流派，只要这幅画能够吸引并感动到他们，他们就会毫不犹豫地花钱买下。

▲ 略显昏暗的玄关在艺术品与灯光的衬托下有如画廊一般严肃而崇高。

▲ 连接现在与过去，联系回忆与现实，这就是艺术品的魅力。

当我们问起夫妇俩最爱的画时，马格莱达带我们来到了会客区，并用手指向了墙上那幅在蓝色背景中的白椅子。“这张画实在是太逼真了，你看那些椅子的细节，还有连接处的钉子仿佛都快从画中掉出来了。”在画的旁边她刻意放了一把白色的小椅子，这不仅仅是在现实中对这一幅艺术作品做来自3D世界的回应，还因为这把白色椅子是她的曾祖母给当时自己的孩子做的，除了上过几次新漆，其他一律保持原样。

看了看画中和现实中的椅子，钉子的位置和细节，居然都是一模一样。正是这份巧合让马格莱达在看到这幅画的第一眼就有一种强烈的亲切感，这就是所谓的缘分吧。

很多人对艺术有一种距离感，但是很多人却能在艺术里找到属于自己的故事，找到回忆，找到亲切感。在北欧，听到过很多艺术家和设计师们说过一个类似意思的话：我希望能做一些普通人都能负担得起的、享受得到的东西。确实，在这个社会里，艺术是会主动走向普通人的，它们不会藏在严肃端庄的博物馆中闭门谢客，反而会以更多样有趣的形式闪现在街头巷尾，挑逗诱惑着我们的神经。渐渐地，也许是出于习惯，也许是出于心动的回应，人们也开始把艺术带回家，在生活中种下艺术的种子。

在北欧，对艺术的追求不分年龄、性别、职业和阶层。艺术是生活的一部分，而不只是一抹遥远的阳春白雪。哪怕无法负担昂贵的大家制作，也不妨碍人们找到各种各样的替代方式在自己的生活中注入艺术的美好。这种全民艺术的普及并不主要是为了炫耀，更多的是发自内心的欣赏与共鸣。

▼ 生活中再普通不过的器物也能在热爱艺术的人手中散发出别样的光芒。

▲ 这些装饰品远看并不起眼，但近看却能轻易地抓住你的目光。

有时候一些并不昂贵的生活用品，也能在懂得欣赏的人们眼中变成挚爱的艺术品。比如下面的这几个量杯就是夫妇俩在南美的时候购入的。当时买下它们只是觉得好奇和有趣，而如今他们把这一系列量杯高低错落地摆放在一起，恰恰形成了一处非常有意思的风景。

在兜兜转转的过程中我们发现的每一幅画、每一件家具以及小摆设夫妇俩都迫不及待地想要和我们聊聊它背后的故事，还有自己和它们的缘分。在他们的收藏品中有些出自街头的流浪艺人，也有些是朋友赠送，甚至有幅画原本挂在旅行时住的酒店墙上……哪怕有些艺术品需要花费不少的时间辗转多地，哪怕需要联系很多人打很多电话，只要能得到那幅打动自己的作品夫妇俩，付出

▲ 家里的摆设都是夫妇俩商量着来的，他们从未为此吵过架。

再多的努力都会感觉很值得。毕竟工作了大半辈子，经济上的宽裕也给了两人生活上很大的自由和很多的选择。

“你们会有意见不合的时候吗，还有你们是如何商量来解决的呢？”当被问到对于家居风格意见的分歧时，夫妇俩都不约而同地摇了摇头。古纳尔看着我们笑眯眯地说道：“你要知道，我们都在一起 50 年了，几乎都快变成一个人了！”

在古纳尔和马格莱达的家中，除了从各地收集来的艺术品，我们同样发现了不少的古董，好像北欧人都毫无例外地非常喜欢那种“传承”的感觉。在他们看来，一件好东西，不一定非得很奢侈，只要它有着不错的质量，还带着时代的特殊烙印，那么它就值得被传承。不少小家伙在家骑的小木马，甚至他们

▼ 金器、银器或是铜器这些金属元素不需要太多，每个角落一两件足矣。

身上那萌萌的连体毛线小衣服都是爸妈自己小时候用过的东西，看起来还是和新的一样保存完好，质感十足。

不管是新装修的家还是买的二手房，只要房间中存在着那么几件有年代的老物品，那些斑驳的老家伙都能瞬间让整个家都变得柔软起来。反之如果缺少历史元素，取而代之的全是崭新的现代设计，那么整个家的风格就会感觉有些硬邦邦的，失去了一种只属于家的细腻和温柔。

▲ 这款古董落地钟虽然看上去有些破旧，对于陪伴了自己几十年的它，老夫妇俩还是舍不得换掉。

一间没有故事的房子，哪怕装满了北欧大牌设计，也是一种没有根的北欧风，像一个陈列室多于真正的家，不是吗?

提到古董的话题，我们不禁想起了夫妇俩特意提到过的这口暗红色的钟。因为制造的年代久远，所以这看起来有些怪异的造型让古纳尔在刚刚买下它的时候也动了想把它变白的念头。

“当时非常想赶简约风的时髦，觉得家里的家具白白亮亮的特别现代。但

是后来一想，如果真刷了白漆，这口钟原来的风格就彻底损毁了，再也回不去了。”提起当时的经过，古纳尔真的庆幸当时的自己没有脑子一热就做了这迟早会让自己后悔的决定。

除了古典的外观很值得收藏，这口钟的质量也绝对值得晋升为传家宝。经过了几十年的风雨，直到今天，只要上上发条，它还能兢兢业业地完成自己的任务，继续为这个家记录一份专属的回忆。

夫妇俩家中的古董多到让我们有些数不过来，有一些继续保持着原貌，而另一些则被夫妇俩进行了小改造，就比如这两个白色的小盒子。要知道它们当初可是深深的柚木色，因为和底下白色的大柜子实在有些不搭，因此马格莱达决定将它重新刷成白色，好让它们俩能够和周围的其他家具形成一个整体。

比起上面那个放在大柜子上的小盒子，独立存在的物件就可以更好地展现它原本的风貌而不用去考虑太多是否能与周围的物件搭配。就比如这个高高挂在墙上的挂钟，它既可以和周围的古董家具形成一个视觉整体，同样也可以存在于一个偏现代的空间中，扮演一个视觉对比的角色。

平时有空的时候夫妇俩也喜欢去小镇上的二手市场逛逛，比如这盏书桌上的台灯就是从那里购入的。虽说家里的风格很适合摆放各式各样的古董，但这却也变成了夫妇俩的烦恼。有时候无意间看到了一件非常喜欢的东西，却发现家里已经有了相同功能的物件，是继续购入还是放弃经常弄得夫妇俩苦恼不已。

“有时候我们自己都觉得是不是应该停下脚步，毕竟家里什

么都不缺。但只要我们一出门一看到自己喜欢的东西就情不自禁地想要将它们带回家，但一想到家里的每个角落都摆满了也只能作罢。”说到这个让人两难的抉择，古纳尔也是一脸无奈。

小镇上有时会举办画展，热爱艺术的古纳尔和马格莱达自然是不会错过的。看看边柜上的那幅画，虽然当时第一眼就看中了它，但夫妇俩还是思索了好一会儿才决定买下，因为他们要确保这幅画的风格和家里的家具相匹配。

油画下方那个边柜并非什么传家宝，这是夫妇俩在小镇的跳蚤市场上购入的。在北欧这种叫作“loppis”跳蚤市场通常破破烂烂的，在老城区的地下室或者郊外简陋的木屋里。虽然那里藏着不少“宝贝”，但想要淘到好东西可不容易。除了必须带着现金驱车前往，还得凑着人家极短的营业时间。尽管这体验着实有些糟糕，但在北欧每一个家居爱好者却都对它趋之若鹜。在他们看来淘货过程本身就有一种驶离现代社会的奇妙氛围，这种“沉浸式复古体验”才是最吸引他们的地方。

在这些跳蚤市场上我们除了能够发现那些中古风的家具和年代久远的海报、明星片，各式各样各种年代的黄铜制品（比如画框、镜子、花盆、烛台等）更是大多数人的最爱。当我们看到带着时光印记的黄铜已经不再光洁无瑕，表面上或多或少地有了一些斑驳的痕迹，这种被时光沉淀下来的美真的是一种无可比拟的存在。

▲ 夫妇俩并没有摆上一件现代的装饰品去营造一种不同时代带来的视觉对比，画面中的所有物件都是一副旧旧的模样，虽不亮眼但很耐看。

▲ 床头的这盏灯是来自意大利品牌 Kartell 的 Bourgie 台灯，现代的塑料材质和复古造型结合在一起很是有趣。

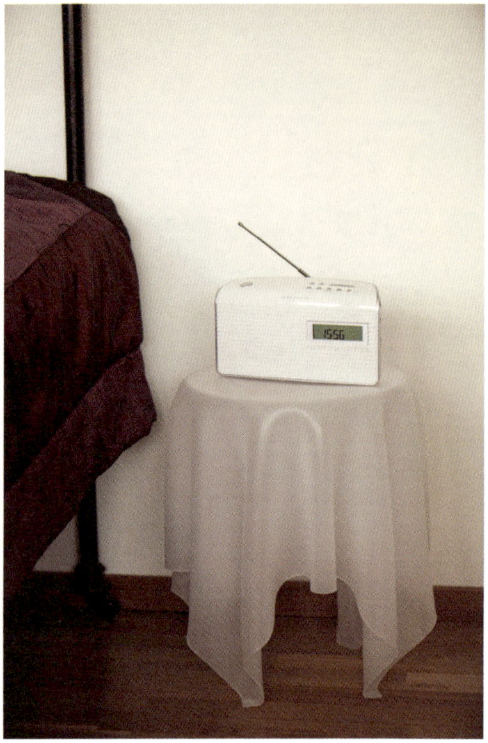

▲ 这张小茶几是法国设计鬼才菲利普 · 斯塔克的名作，经过磨砂处理后的塑料材质一点都不会给人一种很俗的感觉。

愿你活成自己想要的样子

虽然夫妇俩的家充满了一股浓浓的年代感，但在参观的过程中时不时地还是会出现的一些摩登物件将我们拉回到 21 世纪的今天。那些物件并不会很起眼，甚至有时候我们一不小心就会忽略，但它们总能够用自己的方式猝不及防地出现在我们眼前，让我们的脑袋忽地“嗡”了一下。

不得不说夫妇俩真是一对好导演，他们总能够找到最合适的主角和配角，并把它们用合理的方式编排在一起最后再呈现在舞台当中。主次分明而又错落有致，复古与现代之间的碰撞在空间中微微摩擦，如阴雨天的绵绵细雨在我们的耳畔叮咚作响。

铁艺的床架、布艺的床上用品再加上这把用塑料做成的Ghost table（幽灵桌），几种不同的材质组合在一起，彼此之间却又不会排斥。

在入口的玄关处同样有一盏用塑料做成的落地灯。也许大家总感觉塑料这种材质有些挥之不去的廉价感，但其实只要物件本身的设计足够精美，它照样能带给我们不一样的美的感受。

烛台作为北欧人民生活中必不可少的装饰用品在夫妇俩家的家中自然也是不少，不过这个用亚克力材质做成的烛台还是突然间让我们惊艳了一把。不同于常见的金属烛台，亚克力这种材质既有玻璃的通透感而且可塑性极强，看看这个摆在餐桌上的烛台，如此独特的造型可并不常见。

不只是这个烛台，前面我们在夫妇俩的卧室中看到的台灯与茶几同样都是亚克力这种材料做成的。它不仅拥有犹如水晶般剔透的表面，极强的可塑性也

让它成为当今设计师手中的香饽饽。除了自成一体，它与天然的石材、木头和金属搭配都能呈现出其不意的视觉效果，因此大家千万不要因为材料本身而看轻了它们。连品位如此高雅的老夫妇俩都对它们赞不绝口，我们又有什么理由把它们拒之门外呢?

在交谈的过程中夫妇俩和很多瑞典人一样特别喜欢强调“瑞典品质”，言谈中更是透露着一种难以掩饰的骄傲。比如阳台上的那两把扶手椅，虽然已经用了几十年，但看上去还是跟新的一样。不仅仅是耐用性极佳，更值得称道的是它在人体工程学上的设计——虽然夫妻俩身高和体重相差很多，可不论谁坐

▲ 一件家具的好坏，外表只是其中的一个选项，如何把控好品质才能决定它是否能被消费者真正接受。

这把椅子都像为自己设计的一般契合舒适。介绍完之后古纳尔很自豪地又强调了一遍："这就是瑞典制造的品质，真的很让人满意。"

除了阳台上的扶手椅，会客区里的两盏落地灯也是陪伴了老人们几十年的瑞典制造。当我们靠近它仔细观察时，发现那铿亮无瑕的金属灯柄竟然丝毫没有斑驳的痕迹，那流畅朴实的形状线条在今天看来还是那么优雅而又经典。在这几十年中唯一更换的是不小心弄破的纸质灯罩，除此之外一切如旧。

虽然和其他的小年轻比起来古纳尔和马格莱达已经算是不折不扣的"大龄

▲ 这盏落地灯看上去就跟新的一样，如果不是主人介绍，我们怎么也想不到它已有了几十岁的年龄。

▲ 我们很难想象年逾花甲的老人们会捧着一本家居杂志看得津津有味，但这在北欧却是再正常不过的事情。

文艺男女青年”，但对于家居的热情夫妇俩可一点儿也不输给那些年轻人。在业余时间中夫妇俩也和年轻人们一样花了不少的精力在“逛展，旅行淘货，家居杂志”这三样国民家居爱好活动上。

除此之外夫妇俩也喜欢参加拍卖会，参观艺术家的工作室，更近距离地亲近一些独一无二不轻易展出的艺术作品。两人对家居的风格把控和品味，更多的是来自几十年的生活经历。

别看一屋子的家居都很有出处，但是他们却几乎不提品牌。聊天中夫妇俩最着重描述的是每一件设计带给自己的切实感受，对生活的重要性，而不是品牌的名气有多大，材料是否珍稀名贵。在设计的世界里，能时时保持不盲目崇拜名利，遵从自己内心声音的精神是很不简单，也是很可贵的。

婉晴
恰到好处的距离

生活本来的样子，不是每日重复，
家庭也并不意味着完全统一没有自我，
找一个互不干扰又能恰好温暖彼此的距离，来调试自己想要的家。

如果有人问起欧式、美式或是中式的装修风格是啥样的，想必我们的脑海中立马就会浮现出一幅幅的画面，因为这些风格在我们的身边大量存在，身边的亲戚朋友总有人的家是这些风格的。但与此同时我们却发现要找到一个纯正的北欧风案例却并不是一件容易的事。虽然有很多人声称他们的家是北欧风的，但不管是整体的色调、家具的风格还是给我们的第一观感都和印象中的北欧风相去甚远。

那么北欧风真的能在国内实现吗？想必这正是我们所有人关心的问题。要知道北欧五国和我们隔着万水千山，两地的地理环境、历史文化、社会风俗、生活习惯也是截然不同。我们不禁担心北欧风会不会也和所谓的“欧式”“美式”“地中海”那般成为只是虚有其表的一种形式，而缺少了它所代表的文化内涵。

上海有着来自全世界各个国家的人民，他们也汇聚了五湖四海各种不一样的文化，其中自然也少不了“北欧”。在粉红色桃花的掩映下我们来到了一处位于市郊的小区之中，准备拜访今天的主人公婉晴（Fay）和她的丈夫严先生（Herris）。

说起婉晴，经常逛家居论坛和关注北欧风的人肯定不会对她家感觉陌生。而且她之前就已经透露过自己并没有请设计师，家里的装修全部由她一人包办，这也给了同样被装修困扰的大家不少的信心。毕竟一个小女生都能把自己家设计得如此漂亮，我们也一样做得到，不是吗?

细节汇聚的幸福

当我们抵达婉晴家所在的小区时正值上午9点，阳光明媚，风中还夹杂着花香。这一处由意大利人设计的小区虽然有些年头了，但整个建筑群给我们的感觉非但不显得破旧，反而那些岁月的痕迹透露着一股股独特的魅力。整个小区只有两栋高楼，因此我们得以轻松地找到婉晴家所在的那一栋，乘上电梯展开今天的探秘之旅。

随着电梯门被打开，走出电梯的我们还是轻而易举地就找到了婉晴的家，甚至连之前她告诉我们的门牌号都省去了。其实这一层连带婉晴家在内一共有两户人家，我们得以快速地找到目标的方法相信大家都一目了然——除了北欧风，你们还见过如此简洁而又设计感十足的门廊吗?

▲ 北欧风十足的门廊，简简单单的黑白灰轻易地就俘获了我们的眼球

这里的黑色鞋柜来自宜家，性价比十足却不失酷酷的设计感，在背后白墙的衬

托下更是瞬间就能抓住所有过客的眼球。而墙上的“HOME”则是婉晴一个人完成的，它的做法看似让人有些摸不着头脑但其实原理非常简单——先用一卷无痕胶带在墙面上做出字体造型，然后再用灰色的墙漆覆盖选中的墙面，等墙漆干了再把胶带撕掉就大功告成了！

这种胶带与墙漆的组合在北欧也非常常见，有些年轻人甚至会在客厅、餐厅或是卧室做出一整面墙的几何图案，再配以深浅不一的各种颜色就能 DIY 出一幅独一无二的画面。也许这种方法听上去有些麻烦，但只要你亲自动手去试一试就会发现其中的乐趣，这可比单纯地粉刷一面墙要好玩多了。

▼ 黑色用来制造视觉对比，金色则用作点缀，同为中性色的它们搭配在一起自然是相得益彰。

▼ 简洁而又精致，这样的玄关是多少人梦想拥有的呢？

我们轻轻地敲了敲门，房门被打开，一个穿着白衬衫扎着马尾辫的干练女生出现在我们面前时我们竟然没有多少吃惊的表情。因为在这之前婉晴就已经是一个不大不小的家居网红，我们对她的家也有了不少的了解。即使之前从没见过面，但她家那清爽而简洁的样子可是深入人心。大家都说家的样子能够反映一个人的性格和脾气，看来此言非虚。

在婉晴将我们迎入家门前我们特地在门口驻足了一小会儿，好好地打量了一番这个让人眼前一亮的玄关。这里没有顶天立地的储物柜，也没有散落一地的鞋子，除了一个放置雨伞的收纳桶就剩下精致的各式装饰物。墙上的金色字母墙贴是夫妻二人的德文名，当射灯的光线投射在上面时，那微微的闪烁煞是迷人。

鞋柜上的装饰就和玄关给我们的整体感觉一样，简洁而又精致。最远处的折纸花瓶中扦插着一朵在普通人家中并不常见的霸王花，因为这种花喜欢稍微阴暗一些的环境，因此将它摆放在玄关无疑是再好不过的选择。

黑色的首饰架底下的托盘可以放置钥匙，而上面又可以挂一些耳环、项链之类女主人常用的首饰。值得一提的是这款首饰架还有另一款黄铜材质的，但婉晴独独选了这一款黑色的——其实原因很简单，结合前面的全景图我们就能发现这个白色的空间缺乏色彩上的对比，如果没有一点点的黑色来点缀，那么视觉上就会显得平乏而不够生动。

至于首饰架两侧的那一金一白两个烛台，也许有人会好奇婉晴为什么要在这里摆上两个华而不实的物件，好像它们除了装饰也并没有其他的用途。虽然当初将它们摆放在这里的确是为了装饰，但在之后的生活中婉晴却发现这个无

▲ 整个家居都是婉晴一手设计出来的。

▲ 别看这两盏吊灯现在颜值满满的模样，要知道为了组装它们，婉晴可是花了好几个小时的工夫。

心之举却能赋予玄关更深一层的意义。每当男主人严先生深夜加班回到家，打开家门的那个刹那看见两团烛光在黑暗中摇曳，那一瞬间的感动比平时说一万句“我爱你”还要有用。

当我们中的大多数人只是把玄关当作是放鞋子的地方时，婉晴两口子已经赋予了这个空间在情感上的另一层意义。我们时常羡慕那些恩爱有加的夫妻们，但有多少人知道那份恩爱其实是由生活中每一处小小的细节汇聚而成的呢?

因为玄关正好处于整个户型的中间，因此当我们踏入房门后直接扑入眼帘的就是餐桌上方的两盏吊灯。这两盏吊灯虽然单看上去有点硕大无比的感觉，但这样的尺寸在婉晴家那无比宽敞的公共空间中却是恰到好处。

吊灯的下方是一张两米五长度的餐桌，餐桌的一边摆放了三把餐椅，而另一边则是一张与餐桌同款式的长凳。餐椅和长凳的组合不仅能在视觉上活跃餐

▲ 灰色在公共空间占据了很重要的位置，除了餐桌与入户门，待会儿我们还会看到更多。

厅这个区域的气氛，而且当有亲友来访时也能提供尽可能多的就座位置。

从餐厅的角度看向我们刚刚进来的玄关，不经意间发现门的颜色竟然是与餐桌相近的灰色。因为我们家中的入户门都是开发商自带的红褐色，因此当我们看到婉晴家里的这扇门时忍不住赶紧询问它的来源。原来这扇门并非从市面上购得，而是由婉晴独自改造的，只是这过程有些烦琐。

在婉晴的讲解下我们得知要想给门重新上色，直接刷油漆可不行，因为时间长了油漆难免剥落，如果留下坑坑洼洼的痕迹未免太煞风景。因此我们除了要准备好油漆和刷子，还得买上好几块砂纸来对原来的漆面进行打磨，在打磨完成之后才能进行刷漆的工序。只刷一遍漆肯定是不够的，要想让整扇门完全上色最起码也要三遍，这也是我们说它略显烦琐的原因。至于改造完成之后到底能持续几年，婉晴朝我们摊了摊手——谁知道呢，希望越久越好吧！

向南的餐厅

不同于南北向空间中北面的空间永远得不到阳光的眷顾，她家的客厅、餐厅和工作室全部朝南就显得尤为可贵。

特别是当我们站在婉晴家的餐厅之中看着阳光透过窗帘打亮了一整个公共空间，顿时就明白了为何大多数的人都难以装修出一个真正的北欧风小屋——餐厅的位置在北面。因为大多数国内的户型默认南边是客厅和卧室，而厨房和餐厅则一般都在北边。北边的采光肯定和南边是没办法相比的，这也就造成了即使外面阳光明媚，但餐厅却依旧愁云惨淡的景象。

▼ 这面圆镜不仅仅是出门时用来整理衣衫的，它本身就是一件绝佳的装饰品。

那么有没有办法来解决餐厅采光不足的问题呢？答案只有一个——把餐厅挪到南边来。虽然对于小户型的住户来说这无异于天方夜谭，但对于有些南边有三个房间的大户型住户来说却并非不可行。将中间那个房间的墙敲掉，让它与旁边的客厅结合成一个开放的公共空间，然后再将餐桌椅摆放于其中，一个梦想中的北欧餐厅就这样呈现在我们的眼前。

互不干扰却又能清晰地感知到彼此

进门的右手边是开放的家庭工作室。为了在视觉上将这个空间从整体中区分开来，婉晴决定给墙壁刷上一层浅浅的灰色。这个举动看似漫不经心，但要知道它不仅能在一个开阔的开放空间中“定义”一个区域的具体功能，而且从全局上还能增加空间的纵深，让整个空间看上去更加宽敞。也许从这个角度我们还发现不了上面说到的第二个功能，但是不要急，过一会儿我们就能一窥全貌。

在书桌的选择上婉晴也是花了不少的心思，她觉得全白的书桌更符合她的气质，而做事稳重的严先生则比较适合灰色的桌面搭配黑色的桌腿。平时两人一个在左一个在右，互不干扰却又能清晰地感知到彼此的存在，用婉晴自己的话来说就是：“这很有意思。”

墙上的置物架，即使它有不少的颜色可选，但婉晴在深思熟虑之后最终还是选择了白色。虽然这个决定略显“保守”，但要知道在这个空间里书桌才是主角，置物架作为配角又怎能抢了主角的风头呢?

▲ 来自 String 的置物架不仅提供了储物的空间，外形轻盈的它同样称得上是一件装饰品。

相比于普通人家里那必不可少的书房和满满的一大架子书籍，我们发现在婉晴家的开放式工作室中并没有太多的藏书和与工作相关的物件。对此婉晴的解释也是让我们深感认同：“我认为家的主要功能就是放松与休闲，因此我们俩都尽量不把工作带回家，即使有时候任务很多我们也选择在公司加班。平时在家中看看小说或是散文这些闲书就够了，为什么要把烦人的工作带到一个本该放松的空间呢？”

听着婉晴的话语，联想到我们生活中无处不在的“工作”，这不禁让我们反思“家”这个空间真正的含义。我们在装修自己家的时候总是拘泥于风格和色调，却偏偏忽视了它在我们生活中所扮演的那个角色。如果家的意义已经偏离了它存在的初衷，那么一个再精美的家又有何存在的意义？

墙面

如果说我们在选择地面的颜色以及材质的时候只需要小小地纠结一下，那么墙面的色彩以及运用哪种材料可真的会让我们伤透脑筋。在色彩上除了百搭的黑、白、灰，我们还有不同明度、不同饱和度的颜色可供选择；在材质上我们也有乳胶漆、墙纸、砖头和木板需要去抉择。而且更为重要的是，我们在确定墙面的时候又不得不把它与地面联系到一起，毕竟在硬装上它们是一个整体，不能相互冲突。

想知道什么样的墙面在北欧最流行吗，想知道不同颜色的墙面该如何与地面搭配使其出来的效果不同吗？赶紧让我们来瞧一瞧吧。

1. 白墙

一提起北欧人家里的墙，想必“北欧风 = 大白墙”的念头会在不少人的眼前划过，而大白墙与原木色地板的组合也在不知不觉中成了我们脑海中北欧风的标准配置。说起为什么大白墙在北欧有着这么高的出镜率，我们就不得不提到他们那儿极端的气候——极昼与极夜。要知道在极夜的季节里，北欧日常的光照时间只有那么短暂的几个小时，之后的太阳就会重新归于沉寂。因此在这样光照条件极差的情况下，北欧人选择了白色作为家中面积最大的色块，好让那微弱的光线能够尽可能地明亮一些。

除此之外，不同于沙发、扶手椅这些家具和靠枕、休闲毯这些装饰品可以方便地进行更换，墙面的颜色一旦决定了可能就会伴你度过五年、十年甚至更漫长的时光，直到你决定重新装修为止。因为它的不易更换性，所以保守的北欧人民做出了这么一个最保险的选择也就在所难免，反正色彩还有其他的办法来解决。

保守并不意味着害怕冒险，单调也并非无法改变，想要解决白墙太过于单调的问题，北欧人的创意也是层出不穷。大家应该还记得前面在介绍地面时提过的“只有在空白的画布上才能肆意地泼墨”，同样的道理也照样适用于墙面的处理。如果你喜欢红色带给你的激情，那不如给白墙挂上一幅红色的装饰画；如果你向往那悠远而宁静的蓝色，不如在白墙上挂一张蓝色的挂毯；或者你也可以在墙上安装一个墙搁板，然后把红的、黄的、蓝的、绿的小摆件摆在上面，营造出彩虹般的绚烂。就是因为白色没有个性，它才可以和其他的性格和谐共处；也正是因为它不带有任何情绪，它才能包容那些或亢奋或忧郁的心情。

既能帮助空间提亮，又能为其他的创意提供一个绝佳的舞台，这么看来大白墙拥有这么多的拥簇好像也是一件再平常不过的事情。特别是对于那些家里采光并不理想的人来说，白墙绝对是最好的选择之一。

2. 灰墙

一提起灰色，我们的脑海中就不自觉地出现“灰不溜秋”这个词儿，好像这种颜色就是昏暗与晦涩的代名词一般。那么如果给家里的墙面也刷上这个颜色，我们的家是不是也会变得如此呢？

要回答这个问题我们还得从“灰度”说起。前面我们已经提到过色彩中的明度这个概念，那么灰色自然也有它的深浅之分。当我们用鼠标慢慢地把指针拨到最右边，灰色就会随之越来越暗直至变成了黑色；同理，当我们把指针往左一直拨弄，灰色也会随着变得明亮起来直到成了白色，而中间那个不偏不倚的就是“50度灰”。在它左边的灰色通常被称为浅灰色，而它的右边就是深灰色的范围了。要说深灰色显得灰不溜秋，恐怕大多数的人都不会反对，但把同样的帽子扣在浅灰色的头上就显得有失公允了。

其实现实中灰色的墙面在北欧并不少见，尤其是浅灰色。与大白墙相比它要来得更温暖一些，同时又不会显得昏暗而压抑，在采光条件不错的空间里更是散发出一种犹如茉莉般的淡淡的雅致感。因此有些女孩子对于这种雅致灰更是情有独钟，搭配一张淡粉色的沙发，在沙发上再放一个薄荷绿的靠枕，一个既充满着少女般的天真又不乏精致而典雅的空间立马呼之欲出。

不过灰色的墙面并不像大白墙那般百搭，要想“灰”出精彩还有不少的要点需要我们注意，其中首当其冲的就是地板的颜色。要想让地面和墙面的色彩在视觉上形成一个整体，我们在选择原木色地板的时候就要挑选那些在明度和饱和度上与你所选灰色相近的款式。或者你可以先选好木地板，再根据木地板的色彩属性来确定墙面的灰度。除了原木色的木地板，白色的地板当然也在我们的考虑范围之内，而同样为灰色的水泥地面就不要采用了，否则整个空间就真的要变得灰不溜秋了。

3. 马卡龙色墙面

要问起女孩子们最喜欢的甜点，来自法国的马卡龙小圆饼肯定是名列前茅。女孩子们喜欢它不仅仅是因为那酥软细腻的口感，缤纷的外表更是她们的最爱。不知道是否是因为这种甜点的日益走红，一种被称为“马卡龙色”的颜色也慢慢地走入了我们的眼中，甚至悄悄地潜入了我们的家里。所谓马卡龙色，指的就是水蓝、粉色、薄荷绿这种明度很高的带给我们一种粉嫩感觉的颜色。

在北欧马卡龙色的墙面并不多见，因为腼腆而保守的北欧人有点不敢去尝试这种带有强烈性格的色彩。而在那些精通色彩法则的家居网红当中，马卡龙色的出镜率同样不高。

但用的人少并不意味着我们就不能去尝试，如果你愿意花上一些时间去钻研色彩法则，那么说不定哪一天你所钟爱的甜品的颜色就能成为你家中主角。

4. 红砖墙和白砖墙

近几年在北欧非常流行一种被称之为“New York Style”的混搭风。不少年轻人将这种类似于“Loft 风格”的调调与传统的北欧风相结合，创造出了另一种更加复古也更具有文艺范儿的新北欧风。而这种风格的关键元素之一就是我们接下来将要提到的红色砖墙。

说到红砖墙大家肯定不会陌生，即使你没有搬过砖那也肯定曾路过一些建筑工地。可是我们当中又有谁能想到这种未经处理的建筑结构也能成为家居风格当中的重要元素呢？比起前面提到过的白墙和灰墙，红色的砖墙明显更能够带给我们温暖的感觉。如果再加上一个烧得通红的壁炉，即使窗外漫天飞雪又如何，屋里的我们照样能够坐在暖暖的火炉旁悠闲地谈笑风生。

不过这个主意虽然听上去不错，在实际的实施过程中却依旧存在着不少麻烦。因为除了在家中用红砖新砌一堵墙，我们只剩下了文化砖贴片这么一种做法。可惜的是市面上的文化砖没有办法完全地仿造出砖头的质感，因此当我们将它铺满整堵墙的时候会有一种很假的感觉，与我们的预想完全是天差地别。

为了解决这种问题，不少人选择在文化砖上用白色的油漆进行覆盖，营造出一堵白色的砖墙。这个做法听上去好像有些无可奈何的意味，但不要小看了这么一个创意，白色的砖墙不仅能与周围的白墙在视觉上融为一体，它本身凹凸不平的造型还能解决白色空间中视觉空乏的问题。因此在实际的效果中它的表现可是相当不错，特别是在一些空间比较大的户型中。

书桌上虽然小物件不少，但总体上还是一副干净整洁的模样，我们不禁好奇在平时的生活中是否也如今天这般。“看情况吧，有时候如果要做手工什么的，桌面上就会杂乱一些，但做好后我就会及时地收拾干净。这都已经成为一种习惯了，所以也不会感觉特别麻烦。”听听婉晴的解释，再看看我们乱糟糟的书桌，这其中真的只是一个习惯的不同吗？也许当整洁已经变成了一种习惯，我们的家才能实现真正的蜕变，你们说呢？

书桌上自然是少不了台灯，出于对丹麦设计大师 Arne Jacobsen 的致敬和对其产品的喜爱，婉晴选择了这款白色的以雅各布森大师命名的 AJ 台灯。简洁明快的几何造型搭配植物图案的装饰画，设计感和生动活泼在这儿就都全了！

把目光再往右挪一挪，在书桌的侧墙上我们发现了一个用灰色羊毛毡和原木组成的挂衣架。从白色到浅灰然后是深灰，这组由浅及深的色彩组合操作起来并不难，但视觉效果却是显而易见。如果你正为家里的色调发愁，那不妨就照着这个样子做吧！

▲ 书桌在使用过程中难免会变得凌乱，但只要养成随手整理的习惯，我们的书桌也能变得如此漂亮。

▲ 当你拿不定主意到底要买哪件物品，选择设计大师的作品无疑是最为保险的，毕竟它们都经过了时间的考验。

▲ 不需要婉晴亲口告诉我们，仅从书桌的颜色我们就能分辨哪边是她的领地，哪一边又属于她的丈夫。

婉晴的书桌隔壁就是严先生的“领地”了，相比于婉晴选择的那款白色台灯，严先生的这款台灯无疑要更显眼一些。除了金色的灯座，我们也不能忽略了灰色的灯罩，看看桌面的颜色再看看灯罩的颜色，有没有发现它们刚好互相呼应呢？婉晴既然能成为家居网红，自然少不了超乎常人的对于细节的把控，而那些最容易被人忽视的细节往往却最能体现一个人的审美水平。

从整体的把握再到细节的掌控，这个审美提升的过程远没有大家想象中的简单。除了多看多观察，还不能少了必要的思考，否则凭什么你的家就要比别人家要来得好看呢？

书桌旁的侧墙正好与玄关相接，别看它现在颜值满满的样子，当初为了装饰这面墙婉晴可没少花心思，首当其冲的就是边柜的选择。起初婉晴挑选的是普通的三斗抽屉柜，买回来后才发现柜子高度比旁边的书桌还要高，颇有点喧

▲ 用一个收纳袋挡住难看的插座，这个小技能你学会了吗？

宾夺主的感觉。在将抽屉柜退掉之后她又将目光瞄准了单门开合的边柜，正犹豫着要不要下手时偶然间得知丹麦品牌 HAY 在搞特卖活动，于是二话不说便披上衣服就往目的地赶去。

也正是趁着这个机会婉晴淘到了这一组小架子，虽然当初下手时并不确定它会被摆放在哪里，但回到家将它组装好之后却没有多余的迟疑，直接将它安放在了这个之前让人头疼的地方。也许有人会担心开放式的架子有点儿“招灰”，以至于平时要经常擦拭，对此婉晴解释道：“当时的确没有考虑到这点，但平时每周打扫一次，每次也只需要几分钟的时间。比起平时它带给我们视觉上的愉悦，这点小麻烦的确算不上什么。”

比起视觉下方的这个架子，其实我们视线正中的那面大圆镜才是婉晴的得意之作。比起大多数人家中最常见的装饰画，用镜子来装饰的人着实不多。因为总听说在风水上镜子的摆放位置有不少的讲究，所以大多数人在不明真相的情况下都决定对它敬而远之。我们也询问了婉晴家里的老人是否对这个细节颇有微词，而婉晴回敬给我们的却是一个神秘的微笑："信则有，不信则无。"听她这么一说，好像也对。

在架子上婉晴摆放了香薰、蜡烛、绿植之类的物件用来装饰。不需要特别地拗造型，只要靠近它们并按下手机的快门，随手就是一张让别人艳羡不已的家居美图。当然拍完照片也不能直接发到网上，必要的 PS 可少不了。平时一人在家时婉晴就会左左右右、上上下下地摆弄这些小东西，直到完成一个让自己觉得满意的构图，接着就是把这些照片分享给更多的小伙伴，在收获别人赞美的同时也小小地满足了一下自己的虚荣心。

▲ 边柜上的装饰品会不定期地进行改变，今天我们看到的是空气凤梨，明天指不定又是什么新的玩意儿。

参观完了公共空间的右半部分，接下来我们来到的就是位于餐厅左手边的客厅了。这里的布置非常简单，一张深灰色的沙发配上两张高低错落的小茶几就组成了夫妇俩平时休闲的区域。在窗边婉晴摆放了两把休闲椅，因为这里最靠近窗户，自然也就成了生活中看书阅读的不二之选。

看着这几张造型纤细轻盈的茶几，我们在赞叹的同时也不仅好奇“储物”的问题。这时候严先生仿佛看穿了我们的疑虑，从其中的白色茶几下方掏出了一个圆形的储物盒：“你看，这个盒子虽然不大，但放一些小玩意儿却是绰绰有余。”

随着参观的深入，我们不禁对夫妇俩在生活中的“小智慧”越来越佩服，能够在美观与实用之间想出两全其美的方法可不是那么容易就琢磨出来的，天知道他们平时在这些细节上动了多少小脑筋！

沙发

与床在卧室中的地位一样，在客厅中沙发肯定就是那个当仁不让的主角。如果要换一个说法，那么就是沙发的气质决定了客厅整个空间的格调，因而想要打造一个纯正的北欧风客厅，沙发的选择绝对不能出错，否则其余的一切都变成了做无用功。也许平时大家在选择沙发的时候都是凭借着第一眼的眼缘，实际上沙发里面的学问可是不小，下面我们就通过沙发的造型、比例、材质、尺寸和色彩这几个方面来看看我们的家到底需要一款什么样的沙发。

▲ 除了一张深灰色的沙发，客厅同样以浅色为主。只是少了一张地毯进行串联，这几件家具在整体性上还略有不足。

1. 造型

“简洁”永远是北欧风的宗旨，因此沙发作为客厅的主角也绝对不能出现“矫揉造作”的情况。先不说那些现代北欧品牌里的沙发，大伙儿只要去宜家看看就知道北欧沙发的大致模样——简简单单的线条，四四方方的造型。究其原因，无非是“最简单的才是最持久的”，沙发毕竟不像一个靠枕那般可以随意更换，只要它一进了你们家就注定会在你家待上不短的一段时间，因此在造型的选择上没有什么比“耐看”更为重要。

2. 比例

“小空间需要小沙发，大空间需要大沙发”，这句话理解起来不难，但要知道其中的小和大除了尺寸，其实更为重要的是它们在我们眼中所占的视觉比重。想象一下在一个硕大的大空间中摆放了一款小沙发，抑或在一个狭小空间中摆放了一款大沙发，这种明显失衡的比例是不是会让大家感觉特别别扭呢？

因此在客厅空间不大、层高不高的情况下我们不妨选择造型纤细一些的沙发，比如宜家的“索德汉”。而在宽敞的大户型客厅中那些厚重的沙发就要更合适些。它不仅能制造视觉上的焦点，而且它厚实的扶手、椅座和靠背都能帮助我们来填补视觉上的空旷感。

3. 材质

布沙发和皮沙发是我们生活中最常见的沙发材质，特别是前者更是在北欧客厅中占据了绝大多数的空间。朴素的观感和亲切的质感是布沙发最大的特质，这一点跟讲究自然和谐的北欧风也是相映成趣。虽然一旦弄脏了打理起来会有些麻烦，但只要平时使用时小心一些，然后再在家中备上一瓶沙发清洗剂，其实它也没有想象中的那么娇贵。

相比朴素而亲民的布沙发，皮沙发的独特质感是我们爱上它的不二理由。虽然价格要比布沙发贵上不少，但看看之前安娜家客厅中的那张皮沙发，试问除了它又有谁能 hold 住如此宽敞而明亮的空间呢？

除了布沙发和皮沙发这两种最为常见的沙发，其实绒布沙发在北欧也被不少人深深地爱着。但因为出镜率实在不高，因此大家很容易会忽略掉它的存在。其实它也算是布艺沙发中的一种，只是那独特的质感并不是所有人都能接受。与天生亲和力非凡的棉麻质地的沙发不同，绒布沙发总给人一种与周围环境格格不入的感觉。从某种意义上来说，它与皮沙发一样都很难在视觉上与整体的空间融为一体，因此这也提高了我们搭配的难度。如果大家实在是无从入手，那么不妨去网上看看真正的北欧人是如何处理它们与空间和周围其他家具的关系，也许在那里能获取不少灵感也说不定。

4. 色彩

我们都知道北欧风的硬装都是以黑白灰和原木色这几种颜色为主，那么在沙发颜色的选择上我们也可以参照硬装上的做法。

相比其他几种颜色，白色的沙发永远都是最百搭的存在，甚至我们可以丝毫不用理会地面的颜色是深是浅，还是或浓或淡。另外考虑到国内的小户型大多采光不佳，甚至有很多户型的客厅基本没啥采光，那么选择一款白色的沙发无疑能最大限度地增加光线的折射，让这昏暗的空间尽可能地变得明亮一些。

白色沙发虽然百搭，但它难以打理是个难以回避的弱点。如果你的手脚不甚勤快，那么选择一款灰色沙发无疑就要明智得多。就像灰色一直带给我们“中庸”的印象，在大件家具上选择这种色彩无疑是最保险的。虽然在视觉效果上可能要比别的选择差上一些，但对于家里有小孩或是重度的懒癌患者们来说它们却是最让人省心的存在。

介绍完了“黑白灰”当中的前两者，黑色的沙发在北欧风的客厅中表现又如何呢？在层高理想、空间宽敞、采光优良的情况下在客厅的正中摆放一款黑色的沙发无疑会很出彩，但考虑到国内大多数的户型实情，其实这种太过于极端的色彩表现并不好，特别是在沙发必须靠墙的情况下，更是会打破整个空间的色彩平衡。

至于大多数女孩子都很喜欢的马卡龙色，大家可以参照前面介绍墙面时提到过的饱和度与明度的关系来选择，如果你对色彩理论不甚了解，那么最好不要选择这种难度很高的做法。

与前面提到的那个木架子一样，窗边的两张休闲椅也都来自 HAY 这个品牌，只是其中一张看上去更温暖舒适一些，而另一张铁丝椅虽然看上去有些硌人，但在造型上显得更为简洁而轻盈。站在远处看向这个角落，这两把相对而置的椅子就好像两个正处于热恋之中的情侣，相视而笑，相濡以沫，就如同此时站在旁边的婉晴夫妇一样。

▲ 紧靠窗边的扶手椅无疑是阅读的最佳场所。

▲ 墙上的壁挂烛台即使不点上蜡烛，单单用作装饰也是很不错的选择。

▲ 窗帘除了用来阻挡阳光，还可以用来遮掩自己不喜欢的物件。

▲ 即使灯泡的亮度并不高，但它的作用可不是照明，而是带来视觉上的温暖。

铁丝椅的背后就是电视墙了，相比当下最为流行的白橡木、黑胡桃木电视柜，婉晴却选择了来自宜家的贝达。与墙面一样的白色，柜门上也没有任何的造型，如果不是特意地去观察，可能在无意间我们就忽略了它的存在。那么品位一流的婉晴为何舍弃了三千弱水却独取这最为寡淡的一瓢呢，其中自有奥妙。

我们都知道客厅的主角是沙发、地毯与茶几，它们在视觉上的占比更大，当然更容易吸引我们的注意力。而这个时候如果出现一个很抢镜的电视柜，我们的注意力就会在客厅中央与电视墙之间左右摇摆，这样子就很容易会给我们的视觉造成逻辑上的混乱。

反观婉晴家的客厅，因为电视柜很好地隐入了背后的墙面，因此当我们观察客厅时目光轻而易举地就被沙发、茶几这些主角所吸引。即使坐在沙发上看电视，那么电视也是我们视觉中唯一焦点，断然不会因为视觉注意力的分散而造成逻辑上的混乱。试想一下如果这里摆放着的是一个矫揉造作的电视柜会怎样，先不说那些装饰物和摆件是否还会如现在这般安静而优雅地展示自己的婀娜身姿，恐怕它此刻正和沙发、茶几这些物件互怼不止呢！

因为婉晴家的户型是东西向的，所以在她家中并没有大多数人家中必不可少的那条走廊。如果非要找出一个类似走廊的地方，那就属这一块电视墙旁边的小角落，在这里婉晴摆放了一张来自宜家的置物架。白色的铁架与周围的白色墙面很好地融合在了一起，最大化地弱化了它的存在，这样自然而然地就能把我们的目光吸引到上面摆放着的小装饰品上。

在中间的台面上我们发现了不少的蜡烛，原以为这是女主人婉晴为了增加生活情趣而添置的，但婉晴却告诉了我们一个让人有些讶异的真相——两人中更喜欢点蜡烛的竟然是男主人严先生。虽然大学时学的是机械设计，但是在接触中我们发现严先生并没有理工男身上那种木讷与不善言辞。交流中他言辞幽默，笑声爽朗，眼神中偶尔流露出的对妻子的温情，活脱脱一个文艺青年的样子。当我们问及为何这么喜欢点蜡烛，这位文艺男青年的脸上也露出了如小女孩般的羞涩之情："也没什么，就是喜欢那种感觉。"

也许大多数人家中都存在着几支蜡烛以备不时之患，但又有多少人把蜡烛当成了生活中的一部分呢？当我们羡慕别人的幸福生活时又何曾想到，蜡烛这个被我们忽略的小玩意儿也许正是幸福感的最大来源。

当时在重新翻修这间房子的时候婉晴保留了很多之前主人的元素，其中既有风格刚好相符的巧合，比如公共空间中的木地板，也有经济方面的考量，比如布帘背后的那面马赛克墙。初期婉晴也考虑过把这面与整体风格不搭的墙面敲掉重新粉刷，但思量再三还是放弃了。一来是费时费力，二来是她突然间想到了这个用白色布帘将它隐藏起来的办法。

不得不说这个办法简直是精妙绝伦，之前没有走近观察时我们都以为后面隐藏着一扇小窗户。当然这道白色布帘妙处远不止如此，与一堵普普通通的白墙相比，即使没有绿植与装饰品的点缀，它所制造出的视觉上的凹凸感也足够让这个白色的角落活跃起来。而当悬挂着的透明灯泡被点亮，这个平时不曾被阳光眷顾的小角落也随之温馨了起来。

也许是婉晴家的公共空间实在是太过于迷人，过了许久我们才想起来要去厨房看看。深灰色的地砖、白色的地铁砖以及白色的橱柜与台面……如果不是婉晴告诉我们这个厨房在改造前就是这般模样，我们肯定想不到这个纯正的北欧风厨房竟然不是由婉晴亲手打造的。其实现在想想，缘分真的是一件很奇妙的事情，也许正如北欧风之于婉晴。当我们还在为厨房是用小方砖、地铁砖还是六边形砖抓耳挠腮之时，婉晴竟然不费吹灰之力就拥有了一间让我们梦寐以求的美食天地。

▼ 厨房虽然不大，但供两个人生活却是绰绰有余。

▼ 黑色的龙头和水盆是厨房当之无愧的最大亮点。

在参观厨房的过程中我们也没忘了将它与网上的北欧风厨房进行对比。相比那些干净整洁到让人绝望的北欧厨房，婉晴家的这个空间就要接地气得多。其实在拍摄开始之前婉晴只是简单地将台面上的物件归纳了一下，并没有刻意地把一些东西隐藏起来，所以现在我们看到的就是一个最贴近他们平时生活的模样。

洗洁精、百洁布、调味罐、各种锅铲和汤勺……一个厨房该有的物件这里一样不少，但整个厨房给我们的感受却一点儿也不杂乱。当我们走近去细细观察，发现这些小东西除了外形十分简洁，而且它们的颜色也无一例外地都是黑白灰或是原木色。原来要想让一个正常的厨房显得北欧范儿也不是一件难事——只需要把握好每一个物件的造型和色彩嘛！看到婉晴家的厨房，你们对于以后自己的北欧厨房是不是也顿时有了十足的信心呢?

▲ 厨房中唯一的遗憾——备菜区。

虽然我们对这个厨房赞不绝口，但婉晴却透露在实际的使用过程中也有一些不便的地方——因为另一边的台面被水槽和燃气灶所占据，因此备菜区不得不挪到了现在这个位置。加之因为厨房的空间太小放不了冰箱，婉晴只能无奈地将它安放在客厅北墙中的一个凹陷处。这样子每次做饭两人都需要先从外面的冰箱拿取食材，然后拐过两个弯来这里切菜，最后才能到对面的厨房主台面做菜。

谈及这个厨房布局上的小 bug，婉晴也是一脸无奈："没办法，希望以后习惯了就好吧。"

从厨房出来左手边是冰箱，接着是一个储物间，最后靠近客厅角落的就是次卫了。这里的色调与外面的公共空间并无二致，虽然地面是之后更换的木纹砖，但与公共空间里原本的木地板也并没有明显的色差，而灰色的墙砖也和餐桌以及家庭工作室的墙面一致。这样做的好处就是保证整体空间的连贯性与一致性，不至于突然切换到另一个空间之后视觉受到太大的冲击。

▲ 客卫太小怎么办——用悬空的洗脸盆和壁挂马桶。

地面

看了那么多的北欧风图片却怎么也装不出北欧风的家，这是不少人在家装过程中所遇到的烦恼。虽然其中的原因多种多样，但要论起罪魁祸首，那肯定非地面莫属。还记得有位在国内留学的外国姑娘曾发过这样的牢骚：为什么不管到哪儿地面都是反着油亮亮的光呢？宾馆如此，饭店如此，家里更是如此。为了摆脱这种不愉快的晕眩感，那位姑娘不得不在住所用好几块大地毯把地面尽量地遮掩起来，这样子才总算让心里舒坦不少。

当我们把目光转向窗外的世界，我们会发现不管是街上的大马路、乡间的泥土地还是山涧的石径、草原的绿地都带有同样一个属性——它们都不会反光。既然大自然当中的地面都是哑光的，那么我们又为什么要在家中反其道而行之呢，这不是公然地与大自然法则对立吗？所以不管是为了打造一个北欧风的家，还是只想让自己的家住得更为舒坦，我们都应该在地面的选择上选择那些哑光的材质，比如木地板，比如水泥砖，或是干脆选择水泥地。

1. 木地板

大自然的所有材质中要论亲和力恐怕没有什么比得上木头了，因此把性格温润的木材用作地面也就成为我们的首选。而在木地板的选择上除了最常见的原木色，白色的木地板也在北欧经常出现。

所谓原木色顾名思义也就是“木头原本的颜色”，在经过一定的工艺处理后不同的木材也会呈现出不同的颜色，这也就是为什么每一家卖地板的店铺都有那么多的“原木色地板”了。那么什么颜色的木地板最适合北欧风呢？说到这里我们就不得不提到色彩理论中的“饱和度”和“明度”这两个关键的因素。所谓饱和度其实就是颜色的浓和淡之间的区别，而“明度”可以理解为颜色的深浅。

可能很多人都会有这样的错觉，觉得房子面积不大就应该用浅色的地板，而如果是大户型那开阔的空间，则应该选择颜色较深的地板以带来沉稳的感觉。其实不然，北欧风的地板选择永远都是越浅越好，不管是为了营造那标志性的轻盈与明亮的感觉，还是为了在后续的软装搭配上有更多选择的余地，高明度低饱和度的颜色其实才是我们的首选。

为了加深大家的理解，我们可以用一块画板来打比方。假如这块画板上原本就有了某种颜色的底色，那接下来我们再添加颜色时就不得不根据这种颜色来考虑颜色的搭配，是由深及浅的单色渐变还是黄配蓝、绿配红这些的互补色组合就摆在了我们的面前。而如果这块画板是白色的，我们还有什么需要顾及的吗？红橙黄绿青蓝紫，我们可以在这块空白的画布上肆意地泼墨，丝毫不用担心选择了不合适的色彩会破坏了画面的整体协调。

其实我们的家与画板一样也是同样的道理。如果木地板的颜色太深，甚至接近于棕色，那接下来我们在选择沙发、地毯这些家具和装饰品时就不得不考虑如何顺着地板颜色走，用地毯来提亮，用沙发、窗帘来衔接地板与其他家具的色彩……这时我们就会发现地板的颜色对我们后期的家具以及装饰品选择做出了一个非常大的限制，我们再也不能随心所欲地选择色彩搭配，也没办法实施那些在脑海中萦绕许久的想法。

所以，如果我们决定了要选择原木色的地板，那就尽量选颜色浅一些，色彩饱和度低一些的。这样子的地面不仅给我们的家带来最纯粹的大自然气息，还能为我们接下来的软装提供最自由的选择范围。

2. 白色木地板

如果说原木色的地板是最常见最保守也是大家接受程度最高的颜色，那么敢于选择白色地板的人不得不说是大心脏。关于白色的地板大家普遍存在不少的误解，比如担心大面积的白色会让空间失去重心。如果再加上白色的墙壁，那白茫茫的一片总是让人有种置身于林海雪原的清冷感。

其实大家太过于多虑了，白色的地板在北欧非常常见，而且只要你稍微留点心就会发现，比起使用其他颜色地面的房子，铺上白色地板的房间通常在色彩上更能够给我们留下深刻的印象。

原因不外乎其他——只有在空白的画布上我们才可以肆意地泼墨。

一说起色彩，那些颜色艳丽、图案精美的波西米亚地毯肯定在你的脑海中占据一席之地，但你可知道最能让它焕发全部光彩的就是白色的地面。不管是在玄关、客厅还是卧室，只要你一走进房间，它们都能在第一时间吸引你全部的目光，而白色的地面就是那个最完美的舞台。

除了鲜艳的色彩，相信我们对樱花粉、薄荷绿这些让人心情美好的颜色也没有什么抵抗力。而最合适它们的也是铺了白色地板的房间。不管是吊灯、茶几、边柜这些主要的家具，还是茶杯、烛台、花盆这些小东西，只有在一个被阳光眷顾的白色角落里，它们才能敞开属于它们的内心。

白色不会带来单调，也不会让你感觉无聊，恰恰是白色才能吸引那些五颜六色的小精灵，让它们能够在家里找到属于它们的角落，让它们给我们的生活增添一抹缤纷的绚丽。

3. 水泥地面

原木色的地板和白色地板无疑是北欧风最常见的两种地板，但不走寻常路的人也还是存在着。无论是在国内还是在北欧当地，总有不少工业风的拥簇想要把工业和北欧两种风格糅合在一起，打造一个既有工业气息又有大自然温暖的北欧工业风，而其中最关键的元素莫过于那标志性的灰色水泥地面了。

一提起灰色和水泥两个词，也许有人会担心那股坚硬而冰冷的感觉不适合温馨的家居环境，但事实上水泥那不同于木材的纹路在阳光的照射下却能带给我们完全不一样的观感——看上去高冷但又洋溢着一股别样的温暖。

虽然水泥自流平在当下的工艺已经十分成熟，但总有人担心经常出现在饭店、商店里的它会缺少一份精致的感觉，因此他们都不约而同地选择了在感官上类似的水泥砖，因为它的“瓷砖”身份好像更适合家居空间。虽然这样并无不可，但要知道水泥自流平不仅在造价上要比水泥砖低上不少，最重要的是它在视觉上带给我们的平整与顺滑要远远超过后者。

但水泥自流平也并非完美，如果施工质量不过关，那么后续难免会出现地面开裂的情况，因此到底选择哪一种最后还要你们自己来决定。

婉晴家的次卫还有一个很精彩的地方——新砌出的那一块墙面。这样不仅能将壁挂式马桶的水箱藏在其中，就连洗脸盆也能够采用悬空的形式，这对于一个空间并不宽敞的次卫显得尤为重要。在新砌了一堵矮墙之后在洗脸盆的后

▲ 灰色调的卧室在阴天可能有些昏暗，但只要碰上明媚的阳光它就能带给你另一番别样的感受。

▲ 如果空间不够那就舍弃独立的衣帽间吧，两个大衣柜足够藏得下两个人所有的衣物。

面自然而然地就多了一个台面，洗手液、护手霜等等这些小物件也就有了一个宽敞的容身之所。

不必拘泥于完美

与外面的空间一样，在卧室中“高级灰”依旧是那个主角。我们好奇为什么婉晴如此喜欢灰色，她答曰：“因为我不喜欢那些高饱和度的色彩，反而是灰色这种没有任何特点的颜色最能够让我感觉到心安。”也许我们一想到灰色脑海中就会浮现出黯淡无光、了无生机这些贬义词，但在家居设计中灰色却占据了极为重要的角色。

首先灰色作为无彩色中的一种，它没有任何的性格倾向，这样也就不会对我们的心理造成或好或坏的影响；其次它也属于中性色，从色彩理论的角度上来说它能够与其他的任何色彩进行搭配，只要保证明度和饱和度一致即可；最后我们不妨以服装设计作为参考，比起那些打扮的花红柳绿的女子，一个穿着灰色大衣的姑娘是不是要更耐看一些呢？要知道我们的家与宾馆不同，我们在这里不仅仅生活一个晚上，而是我们的余生。

其实我们根本不用对灰色抱有成见，就像每件事物都有好的一面和坏的一面，只要我们能够用对地方，灰色同样会使我们的家看上去恬静而又优雅。

因为平常并没有在卧室中看电视的习惯，因此在这里婉晴只选择了一款很小巧的电视以备不时之需，而选择一款有些高大的抽屉柜当作电视柜当然

▲ 在绿植的陪伴下入睡，在绿植的呼唤中醒来，它带来的不仅是新鲜的空气，还有一份愉悦的心情。

也正是因为电视机的尺寸太小。为了能让自己靠在床头时拥有一个最好的观影体验，婉晴才选择了它。在电视柜和窗户之间的那个角落我们大多数人都会摆放一张休闲椅，但喜欢绿植的婉晴却不走寻常路地在这里放置了一盆硕大的龟背叶。龟背叶下面套着的那个白色袋子其实是北欧人家中常见的脏衣篓，但为了把不甚美观的花盆隐藏起来，婉晴别出心裁地为它穿上了这一件新衣。看看它现在活蹦乱跳的模样，是不是感觉这个灰色调的卧室也瞬间生动了起来呢?

在电视机旁边我们发现了一个浅口的小篓子，里面随意地躺着一本杂志和几个小物件。从进屋采访到现在，婉晴家的每一处小细节都体现了精致与完美，但为什么在卧室中却突然出现了如此“不和谐”的一幕呢?

▲ 井井有条的卧室对睡眠可没有帮助，有时候稍微凌乱一些反而会让人不自觉地放松下来。

“这个是我特地这么摆的，因为我不想在卧室中制造出一种很刻意的拘束感，所以我就通过这些小地方来营造一种轻松愉悦的感觉。”

靠窗的这个小角落是梳妆台的区域，也是平时婉晴化妆的地方。墙上的霓虹灯和玄关的那几个字母一样都是德文。但玄关的那几个字母则是为了宣誓这间房子的主人，而这里的它们却是德文中“晚安”的意思。在普通人看来这仅仅是几个再寻常不过的字母，但他们两口子却知道这是日常生活中对彼此的挂念与祝福。就如同婉晴本人给我们一种恬淡温暖的第一印象一样，在这个家中的每一处小角落我们都能不经意间地发现她为了这个二人世界所付出的小心思，哪怕是一些大多数人都会忽略的地方也都被她注入了只属于他们夫妻的印记。

▲ 被霓虹点亮的晚安是对爱人最好的祝愿。

在床头灯的选择上婉晴同样显得有些与众不同。相比于最常见的壁灯和台灯以及最近才流行开来的小吊灯，选择落地灯的人着实不多。我们原以为这仅仅是婉晴在个人审美上的偏好，但听她一说却发现并不是我们想象的那样简单。

“其实我们之前并没有想好要放台灯还是落地灯，或者说我们压根儿就没考虑过这事儿。因为不喜欢正儿八经的床头柜，而我又特别喜欢这把白色的维也纳扶手椅，因此我就把它搬到这里来充当床头柜的功能，毕竟它的椅背上还可以挂一些刚换下没来得及挂起来的衣服。在这之后我们也想过是不是放一盏台灯，但发现它和这把椅子搭配起来不好看，最后也就顺其自然地选择了这盏落地灯。”

说到落地灯，它除了方便和易于更换，比起台灯和壁灯它更是解放了床头的这一片墙面。正如我们在婉晴家里所见到的这般，她在墙上安装了一大一小两个置物架，上面不仅可以放些装饰物，也可以挂上手表、眼镜之类的生活用品。

看看现在这幅由扶手椅、落地灯、装饰画和置物架组成的画面，再想想传统的床头柜＋台灯或壁灯的做法，哪一种更具有美感，哪一种更方便日后更换，想必大家一眼就能看明白。

这个小角落位于卧室和走廊之间，离床头也不远。别看它现在一副颜值满满的样子，曾经的它却让婉晴甚是苦恼。因为一直都找不到一种自认为完美的处理方式，因此这里就一直被空着，直到有一次去宜家闲逛时婉晴才无意中发现了它。这款名为“拉克”的墙搁架在宜家算不上明星产品，但在不少人的家中我们都能发现它的存在，在北欧也是如此。书房中的书架、卧室中的床头柜、客厅中的展示架……因为它那纤细的小身板正好契合了人们家中经常出现的小转角，因此看似平淡无奇的它才能获得大家的青睐。

自从无意中发现了它，婉晴就像找到救星一般直接将它搬回了家并固定在了墙面上。

▲ 不想要壁灯？换盏落地灯吧。不想要床头柜？换一把椅子吧！

▲ 在装修的过程中找到一个恰恰好解决问题的办法无疑是最让人感到惊喜的。

看看现在架子上摆放的鲜花绿植以及小摆件，这还是之前那个让人有些手足无措的小角落吗？

从客厅穿过一条被做成衣柜的走廊我们就来到了家中的主卫。这里的色调同样是白色、灰色和原木色，不同的是灰色被用在了地面，而原木色则出现在了浴室柜的柜门之上。同样的色彩元素只需要那么稍微改变一下就能让这个空间显得与众不同，同时与其他空间又没有彻底地断开关联。

“你真的没有真正学过设计吗？”看到婉晴将这些专业的设计手法运用得如此娴熟，我们简直不敢相信她学的与设计、艺术毫无关联的法律专业。“真的没有，我觉得这么好看

▲ 如果浴室的空间足够安置一个大浴缸就显得十分必要，对于注重生活品质的人来说，没有什么比工作之余泡个热水澡更幸福的事儿了。

就这么弄了，也没想那么多。”婉晴答道。

“那么你的这些灵感都是从哪里得来的呢？”“从网上啊，比如 Pinterest、Houzz 这些图片素材网站和一些家居类的公众号与杂志。每当看到适合自己家的就保留下来，然后再仔细想想要如何去实现。但可惜的是有些非常棒的创意因为户型不合适不得不放弃，这一直是我很遗憾的地方。”

因为夫妻二人都是上班族，为了不在早上触发那场争夺洗脸盆的战争，婉晴采取了双台盆的做法。这样即使在最紧张的时候一切也都会显得井然有序，断然不会发生彼此干扰的窘境。

▲ 双脸盆的设计对于两口之家来说可选可不选，如果浴室柜并不大，那么采用大单盆也无可厚非。

在最北面的窗户边伫立着一个白色的大浴缸，要说起主卫里最大的明星肯定非它莫属。不仅仅因为它足够大，更因为它的质感带给我们视觉上的震撼。之前我们见过的白色浴缸不管它本身的材质是搪瓷还是亚克力，但其表面却大多是反光的。但直到今天我们在婉晴家中看到了这个白色哑光的浴缸，我们才发现哑光的质感非但不比反光的要差，而且有种说不出来的美感。特别是在周围白色哑光墙砖的包围下，它就好像一位静立在风雪中的白衣男子，也许我们不曾注意到他，但只要他轻轻地挥一挥衣袖，就能俘获我们全部的注意力。

▲ 一边泡澡一边聆听外面世界的声音，这种体验可要比一个封闭的浴室要舒心得多。

“你们工作这么忙，平时应该很少用浴缸吧？”想到在生活节奏异常忙碌的今日，浴缸正逐渐成为一种摆设，我们不禁好奇地问道。“不会啊，我们都很喜欢泡澡，特别是下班回到家后或是加班完成了某一项工作的那个时间。我知道大家都嫌清洗浴缸很麻烦，特别是一个这么大的浴缸。但换个角度看，比起泡澡带给我们身心上的愉悦，这点小麻烦也算不得什么了。”

打开音乐点上蜡烛，将疲惫的身体浸入温润的热水之中，看一眼窗外的景色再回过头来慢慢地闭上双眼，在这一片水汽的氤氲之中彻底放下奔波了一整天的心弦，如此的生活又怎不让我们感到羡慕?

浴缸

泡澡作为一种非常低成本而且健康的减压法宝，北欧人和我们一样也对它情有独钟。如果家里浴室够大的话肯定要装一个浴缸，即便是空间有些捉襟见肘也不例外，他们总会想方设法地在有限的空间里塞进去一只缩小版的“紧凑型”浴缸。不过虽说浴缸是浴室的主角，大家也别认为只要有个浴缸就大功告成了，要知道在北欧的电视广告里浴缸多半不会单独出现，而是伴着灯光、音乐、蜡烛、香薰这些元素一起来共同营造一种轻松的氛围。下面我们就来盘点一下最常见的装扮浴缸的元素：

1. 绿植。在浴室这样潮湿的小空间里摆放一盆绿植或几支鲜花是十分有必要的，那点点绿意会让你仿佛沐浴在大自然中，即便是在寒冬也能常常忘记自己身处寒冷阴暗的北欧。甚至很多本身就住在大自然里的瑞典屋主有时干脆就把浴缸对着窗外的湖光山色抑或是林中风景，随时来一场有温度的身心 SPA。

2. 装饰画。适合浴室主题的装饰画很多，北欧人喜欢在浴室挂画的也不在少数。泡着澡，看着一幅自己亲自挑选的画，也是一件值得享受的事情。虽然挂装饰画听上去是个不错的主意，但我们或多或少都会担心这么一个问题——浴室潮湿的空气会不会让画纸起皱呢？其实在北欧当地买到的大部分相框密封性都还不错，而在国内我们大家则可以在网上找找专为浴室定制的装饰画框。

3. 小摆件。如果浴缸周围的空间有富余，那么摆上几件精心挑选的艺术品也未尝不可，但是一定要是能耐潮的。一个热爱生活的人除了对家居功能上的要求，肯定还有情趣上的追求。浴室里的个性表达，并不比家里的其他空间次要。

4. 卫浴设施。花洒、龙头这些功能上的物件其实也可以成为整个空间的亮点，在这些淋浴设施的选购上我们也不能少费了心思。除了最常见的银色，是否可以考虑哑光黑色、金色、白色呢？北欧精致的淋浴产品价格普遍不菲，上万的也不少，只能说一分钱一分货。买高端卫浴产品就像买高级内衣，别人看不到，但是自己能感觉得到，量力而行，不为炫耀。

正当我们准备走出主卫时偶然间发现马桶上方竟然安装着一个我们从没见过的机器，一问才得知这是一个小型的洗衣机，用来清洗内衣裤这些贴身的衣物。虽然将这个机器安装在这个狭窄的空间略显拥挤，但因为放置洗衣机的厨房没有多余的空间，最后也只能退而求其次。

▲ 想把双手解放出来？买一个洗内衣专用的洗衣机吧！

正如世上没有十全十美的事物，婉晴家虽然有着我们艳羡无比的公共空间，但在厨房、

▲ 小梯子可不是专门用来放置毛巾和浴巾的，它的装饰功能也毫不逊色。

浴室这些地方却也有着一些难言之隐。我们在费劲心力地装修完自己的家之后总是希望拥有一个称得上完美的空间，但各种各样的遗憾却不请自来地不断打击我们所剩不多的热情。当我们问婉晴会为自己的家打多少分数时，她给出了80 这个并不低的评分。因为在她看来遗憾总是难免的，与其纠结其中不如坦然地去面对，慢慢地接受它的同时自然会不知不觉地爱上它。

附 录
一点一滴组成的生活

单椅

维也纳椅

这把由奥地利设计师迈克尔·托耐特设计于1859年的椅子在北欧空间中经常出现，除了可以被当作餐椅摆在餐厅，办公椅摆在工作室，有人甚至突发奇想地将它摆放在了床头当作床头柜，由此可见这把椅子在北欧是有多么受欢迎。

优雅圆润的曲线、轻巧明快的造型使得它从诞生之时起就备受大家的喜爱，价廉物美、运输方便的特点更是让它成为世界上生产数量最多的几款椅子之一。听听建筑大师勒·柯布西耶对它的评价——椅子中最可爱的贵族，再看看北欧家居图片中它们独领风骚的模样，此刻的你是否也想把它带回家了呢?

温莎椅

说起乡村范儿和复古风我们不得不提到这款温莎椅，它同维也纳椅一样在北欧空间中拥有着极高的出镜率，特别是在一些偏自然与复古的案例中。

前面介绍的维也纳椅已经算得上是现代家具中的老古董了，可比起温莎椅它却只能甘拜下风。别看温莎椅是在美国流行开来的，其实它出生在大西洋彼岸的英国，据说它的名字就源于那个叫作温莎的小镇。

除了最为常见的无扶手椅子，以此为原型设计的扶手椅也是大有所在。如何分辨一把椅子是否是以温莎椅为原型其实只要看它的椅背，一道略粗的横梁加上若干条纤细的木杆就是温莎椅的象征。因为它的造型极其简单，基本没有改进的空间，因此时至今日我们还能在不少现代家具品牌中看到它的身影。不管是那道横梁变粗了还是变得更加圆润，不管它的椅腿之间固定的方式有没有改变，我们还是能够透过细节体会到那300多年来的传承与变迁。

埃菲尔椅

也许是因为这款椅子的椅腿酷似埃菲尔铁塔上纵横交错的金属结构，所以久而久之大家就给它取名为“埃菲尔椅”。事实上这款由伊姆斯夫妇设计的椅子有一个正式的名字叫作“DAR Chair”，而除了最为常见的木腿与金属腿的款式，这个系列还有不少不同版本的设计。这些不同的版本不仅仅只是在椅背、椅面以及椅腿上做了不同程度的创新，还演变出了扶手椅和摇椅的形式，这两种形式在北欧的客厅、卧室或是阳台中同样拥有极高的出镜率。

说回埃菲尔本身，它之所以能从1949年诞生之初就受到全世界人民的喜爱可不仅仅是因为它实惠的价格，木材、铁艺与塑料这几种材料的完美结合才成就了它至今畅销不衰的盛景。与其他全实木的椅子相比，它不管是在感官上还是实际中都带给我们一种轻盈的放松感，因而与同样以轻盈为主题的北欧空间格外契合。

目前这款椅子在市面上依旧十分畅销，在选择款式的时候我们除了要在木腿与金属腿之间做一个抉择，更重要的是对椅座的颜色的把控。黑白与透明色永远是最百搭而且不过时的选择，而大红、明黄、翠绿这些颜色的款式经过大量的实践证明，它们对于整个空间视觉效果的提升是负面的。

Tolix 椅

这把在我们身边的餐厅、咖啡馆中经常出现的椅子肯定给大家留下了不少的印象，毕竟能将金属的高冷与法式的浪漫结合在一起的家具可是并不多见。作为一名家居爱好者，我们大多只注意到了它那慵懒而又闲适的气质，其实在家具设计史上它同样是一件划时代的作品——第一把不会生锈的椅子。

“不会生锈”听上去虽然有些言过其实，但它的确是真正意义上第一把适用于户外环境的金属椅子，因为它的法国设计师 Xavier Pauchard 第一次将镀锌工艺使用在了家具之上，防止金属的氧化和腐蚀。

即便是被裹上了一层外衣，但它简洁优美的线条以及清丽脱俗的气质却没有受到任何的影响。耐用度的提升和更容易清洁的优势让它在诞生之初就受到了市场的广泛欢迎并一直畅销到了今天，实惠的价格同样是广大家居爱好者愿意将它当作家人一般对待的原因。

在家居环境中它不仅适合我们的北欧风，工业风、乡村风或是北欧与工业结合的“New York Style”同样是它大放异彩的舞台。不管是与维也纳椅、温莎椅这些更加复古的椅子搭配在一起，还是与一些当代北欧家居品牌的产品共同出现，历经风雨却历久弥新的它都不会让大家感到失望。

Y 椅

在丹麦的家具设计界有一个“四大巨匠”的说法，他们分别是布吉·摩根森（Borge Mogensen）、汉斯·瓦格纳（Hans Wegner）、芬·尤（Finn Juhl）和阿诺·雅各布森（Arne Jacobsen）。首先我们要介绍的就是其中的汉斯·瓦格纳和他最出名的作品——Y 椅。

在第一眼看到这把椅子的时候大概没有人会把它与遥远的北欧联系在一起，因为它的造型实在是太“中国”了，而事实上它的设计灵感就是来自我国明代的“圈椅”。既然这把椅与我们如此有缘，那么我们不妨也了解一下它的历史。

Y 椅诞生于 1950 年，而在几年前的 1944 年汉斯·瓦格纳就曾推出过第一款以“圈椅”为原型的“中国椅”。这把中国椅借鉴了圈椅的大部分特征，只是简化了些许装饰细节以便让它看上去更“现代”一些。这种只追求形似的做法自然不能让设计师本人感到满意，于是在经过长期的钻研和探索后瓦格纳才分别于 1949 年和 1950 年推出了肯尼迪椅和 Y 椅这两款家具设计史中的经典。

圆润的椅背、轻巧的Y型支架，再加上手工编织的纸绳椅面让它在一众现代风格的家具中轻而易举地脱颖而出，也让全世界第一次见识到了来自东方的美学魅力。

牛角椅

在受到了业内的认可之后汉斯·瓦格纳也没有停下继续创新的脚步，并于1952年推出了“牛角椅”。牛角椅在形状和理念上的延续是显而易见的，但在制造的工艺上汉斯·瓦格纳却做出了与众不同的创新。

这个创新就在于他将实木的扶手与椅背简化至两个部分，并以精准的榫接结合于中间。为了让用于连接的木钉与整体看上去更加和谐，汉斯·瓦格纳别出心裁地决定将此榫接结构凸显出来并让它成为椅子装饰的一部分。这也是我们总能发现椅背上的几条横杠的颜色与椅子本身的颜色形成一个明显对比的原因。

7号椅

作为丹麦国宝级的设计大师，身兼建筑师与家具设计师的阿诺·雅各布森的作品是永远都绕不开的话题。从蚂蚁椅、天鹅椅到7号椅、蛋椅……雅各布森的经典设计几乎占据了每一个北欧人的家，而我们就先从销量与丹麦全境人口相当的7号椅说起。

7号椅的全称是Series 7 Chair，诞生于1955年的它外形简洁到无以复加，一次成型的椅背加上四条纤细的钢管椅腿在今日看来依旧魅力不减。不管是在餐厅的餐桌前还是工作区的书桌前我们都能发现它婀娜的身影。从最初的木色与银色的组合到今天的玫瑰金、全黑款式，轻巧灵动的外形永远是它最大的优势，特别是在一些空间局促或是采光不佳的地方，它的表现尤为出彩。

蚂蚁椅

同样由阿诺·雅各布森设计的蚂蚁椅诞生于1951年，是丹麦历史上第一件完全采用工业化方式批量生产的家具。它的构造极其简单，底部是钢管椅腿，上面一体化的靠背和椅座则是由7层山毛榉加上一层柚木和一层橡木经过蒸汽模压处理黏合在一起。

它的得名自然是源于它的造型与蚂蚁相似，而在一次安全事故之后生产商Fritz·hansen公司也将它从原来的三条腿改成了如今我们看到的四腿版本。售价公道、经久耐用加上可以堆叠的优势让它一经上市便获得了极大的成功，这些成为雅各布森设计生涯的一个关键转折点。

作为7号椅的前身，它与7号椅除了造型上的不同之外没有大的差别，因此这也给我们带来了一个不大不小的难题——是选择更加可爱的蚂蚁椅还是简洁至上的7号椅呢?

水滴椅

犹如水滴般饱满丰润的造型，自然优雅的弧形曲线，这个外观上浑然天成的作品虽然称不上雅各布森的代表作，但也足以给我们留下深刻的印象。

水滴椅的颜色多种多样，从明快的马卡龙色到稳重的咖啡色、黑色一应俱全。但不知为何北欧人却偏爱更浅的色调，这也是为什么在案例中我们看到的大多是浅色的水滴椅。不过在实际当中我们也无需循规蹈矩，根据自己的喜好和空间的具体情况选择最合适的颜色才是正确的做法。

潘顿椅

这把无时无刻不在体现着性感的椅子是由丹麦设计师维纳尔·潘顿于1960年设计的。强烈的雕塑感、优雅流畅的线条再加上一体成型所带来的视觉上的纯净让它无愧于20世纪最夺目的椅子之一。当然在家具设计史上它还有另一个划时代的意义——世界上第一把由塑料一次模压成型的S形单休悬臂椅。

重量轻便、易于清洗、经久耐用都是它的优点，这也难怪它在不同风格的室内空间中都拥有极高的出镜率，咱们追寻的北欧风自然也概莫能外。

郁金香椅

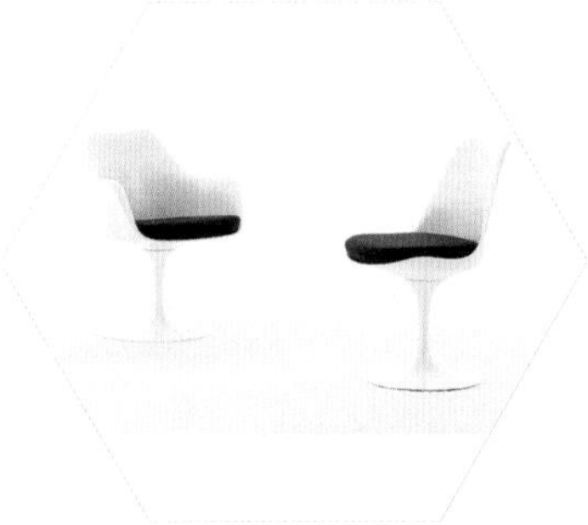

这把由美国建筑师埃罗·沙里宁设计的郁金香椅因其外表形似郁金香而得名。与这把椅子配套的还有一张名为郁金香桌的圆桌，而这款椅子正是为了搭配这款餐桌而特别设计的。

如果大家曾经留意那些将开未开的郁金香，那股优雅却又透露着羞涩的神情肯定让你为之沉醉。如今看看这把同时兼具流畅线条与现代美感的郁金香椅，是否会如看到当初那朵鲜花般怦然心动呢?

大师椅

当大家听到这个名字的时候也许会讶异：“究竟是一款怎样的椅子才敢凌驾于众多名作之上而自称为‘大师’呢? ”

其实这把由法国鬼才设计师菲利普·斯塔克与西班牙新锐设计师厄杰尼·丘尤烈特联手推出的椅子并未言过其实，因为这把椅子的原型正是之前我们提到过的三把大师名作的结合：伊姆斯夫妇的埃菲尔椅、阿诺·雅各布森的 7 号椅与埃罗·沙里宁的郁金香椅。

这两名设计师在图纸上将这三款椅子的图像融合在一起，三款椅子的线条相互交叠最终产生了如今贴合我们身体的有机设计。也许我们可以这样来评价它：拥有它就等于拥有了三件大师名作的灵魂。

幽灵椅

不知道大家对之前在马格莱达夫妇的卧室中看到的那把幽灵小茶几还有没有印象，它与这款幽灵椅一样都是法国设计师菲利普·斯塔克的著名作品之一。

圆圆的椅背、纤细的椅腿、透明的身体，仿佛能隐身于任何环境之中，对于它的得名想必我们不会多做纠结。但事实上幽灵椅并不是这把椅子的全称，路易幽灵椅（Louis Ghost）才是。幽灵两字是对其形体的描述，而前面的路易则代表了一段法兰西的浪漫记忆——与前面的那款向三位大师致敬的大师椅一样，路易幽灵椅也是对法国 15 世纪路易时期家具的重新解读与诠释。

如今当我们再一次细细地端详这把椅子，看着那镂空的扶手与椅腿如弯弓一般一气呵成，仿佛椅背上的那个圆圈正是太阳王路易十五的权利象征。如此将现代与古典完美融合在一起的作品可是凤毛麟角，如果你也被它打动为什么不带它回家呢?

餐椅的搭配

郁金香桌配上郁金香椅，或者幽灵椅配上幽灵桌这种同款桌椅的搭配自然是最和谐也是最省心的，但是在北欧人的家中我们却很少发现这种“偷懒”的做法。因为他们更喜欢自由地搭配自己喜欢的款式，不管是复古还是现代，是乡村还是都市，不同的组合总能带来不一样的视觉感受。那么接下来我们不妨来看看一些常见的组合形式：

复古与现代混搭。维也纳椅、温莎椅和 Tolix 椅都算得上是偏复古的款式，如果我们将它们与更为现代的 7 号椅、蚂蚁椅或是水滴椅搭配在一起则会在视觉上形成不同时代不同审美的感官碰撞。这种碰撞会随着两种款式的年代差而逐渐扩大，因此大家在选择这种做法的时候可得量力而行。

复古与乡村的结合。在北欧有不少人在郊区或是另一个城市拥有一间度假小屋，这对他们来说是逃离现代社会与钢筋混凝土的庇护所。既然是为了远离喧嚣，因此在这些度假小屋的设计上更加乡村更加古朴的风格自然大受欢迎。

除了从当地的跳蚤市场上寻找一些传统的家具，维也纳椅、温莎椅和 Tolix 椅在这些空间中也拥有不低的出镜率，谁叫它们年龄比较大呢！

纽约风。虽然听上去这种风格和北欧没啥关系，但事实上它是北欧与 Loft 风的结合，在年轻的北欧人当中十分受欢迎。如果大家之前就接触过这种风格，那么肯定对复古、金属、砖墙与中古家具这几个关键词印象深刻。其中的复古和金属指的是包括 Tolix 椅在内的铁皮椅子，而中古家具对应的就是 20 世纪 50 年代那一批诞生的椅子，比如前面介绍过的牛角椅等。

以 Tolix 椅为代表的铁皮椅子能提升空间的复古感，而中古家具则带来更为精致和优雅的气息，因此大家在敲定椅子数量的时候不妨好好地考虑一番：到底是多买几把铁皮椅子还是多买几把中古风的椅子呢？要知道这可直接决定了你家的餐厅是更加复古还是更加优雅。

当代北欧风。除了之前我们介绍过的几款经典椅子，在最近的几年内一些当代的北欧家居品牌也推出过不少销量火爆的款式。比如来自 HAY 的 AAC 系列、来自 Normann Copenhagen 的 Form 系列以及来自 MUUTO 的 Nerd Chair 等等。

因为每个品牌都有各自不同的风格，比如 HAY 偏中性和百搭，Menu 偏现代与高冷，MUUTO 则显得更加俏皮可爱，所以很多北欧的家居爱好者们都会乐此不疲地在这些风格各异的椅子中左右穿梭，只求搭配出一个让当下的自己觉得满意的组合。

休闲椅

天鹅椅

如果说客厅中沙发是当之无愧的主角，那么扶手椅就是众多配角中相当亮眼的一位。选择得当会让整个空间主次分明相得益彰，而如果选了一个不太合适的款式那可就画蛇添足了。那么什么款式的扶手椅比较适合北欧空间呢，我们先从雅各布森大师的名作说起。

这款因为外形与天鹅相仿而得名的椅子是1958年雅各布森应邀设计哥本哈根的皇家饭店时替饭店的大厅与贵宾厅设计的。起初它只是雅各布森在自己车库中雕刻的一个石膏模，在经过与 Fritz Hansen 公司合作开发之后才形成了如今我们看到的量产化产品。

它的表面一般是由羊毛布料或是皮革包覆，这两种天生高贵的材质加上椅子本身优雅的造型让它在诞生之初就广受好评。毕竟它是一把能够衬托使用者优雅气质的椅子，普天下应该没有人能够经受住这样的诱惑吧。

蛋椅

与上面的那款天鹅椅一样，这款蛋椅也是雅各布森在 1958 年为哥本哈根皇家饭店所做的整体设计中的一部分。

与清丽脱俗的天鹅椅不同，蛋椅的造型看上去更加沉稳而憨厚，因此当我们坐在其中时所感受到的包裹感与安全感会来得格外强烈。不过这样的造型在实际运用当中也有不便之处——大多数公寓的面积和层高很难容纳得下它，而且如果将之摆放于客厅、书房这些本身就有主体家具的空间中会打破整体的主次关系，造成视觉上的紊乱与逻辑不清。

虽然它很美也很有型，但如若你家的空间比不上别墅那般宽敞，那最好还是对它敬而远之。

Paimio 躺椅

这款在设计界中无人不知无人不晓的椅子是芬兰建筑大师阿尔瓦·阿图（Alvar Alto）在上个世纪二三十年代的作品。当时在 Paimio 这个位于芬兰西南的小镇，阿图设计了一座结核病疗养院，也顺手捧出了这款躺椅以及同款的小推车。

这款躺椅所运用的是在当时还不成熟的曲木技术，将 20 层左右的木皮放入模具中，以胶水作为黏合剂，采用高温高压的压制方法，使木皮弯曲成设计者想要的弧度。考虑到这款躺椅的使用者们——结核病患者肺部经常出现咳嗽、胸痛等症状，阿图特地设计出了这么一种流畅的造型好让病患不再需要正襟危坐在椅子上，而是可以稍微仰躺，让呼吸更轻松自在。

有机的材质加上有机的造型，也难怪有后人将之奉为有机设计的开山鼻祖。不过于我们而言，一把好看又好用的躺椅就足够成为买下它的理由了。

球椅

说起包裹感十足的休闲椅，除了之前提到过的蛋椅，我们当然也不能忽略了球椅。这把由芬兰设计师阿洛·阿尼奥（Eero Aarnio）于 1963 年推出的椅子因其外形跟一个圆球一样而得名，而让我们想不到的是如今被各大博物馆争相收藏的它直到推出 3 年后的 1966 年才声名鹊起。

相比蛋椅，头顶不漏光的球椅在包裹性上面还要强上几分。当我们坐进去的时候会产生一种全身被包裹其中的奇妙感受，从而形成了与世隔绝的私密小空间。不过它与蛋椅一样也拥有一个不可忽视的缺点——体形过于丰满，很容易在第一眼就吸引我们的注意力。如果你家的空间有别墅那么宽敞倒没有问题，但对于普通的公寓来说它就不是那么合适了。

泡泡椅

自从 1966 年球椅在科隆家具展上大放异彩之后，不甘寂寞的阿洛又想要再替自己独立的小星球增加一点光线，于是在 1968 年推出了这款“吹”出来的透明泡泡椅。别看透明的丙烯酸看上去有些弱不禁风，可在实际中它却十分耐用。配上一根悬挂在房顶的铁链，一个悬空的透明泡泡就此诞生。

钻石椅

当我们看到这款由钢管焊接而成的椅子时都免不了有个担忧：它坐上去舒服吗？关于这点大家大可放心，毕竟如果连最基本的功能都解决不了，它又如何成为一把世纪名椅呢？

这把钻石椅的设计师是美籍意大利人哈里·贝尔托亚（Harry Bertoia）。除了建筑师和家具设计师的身份，他同时还是一名雕塑家和珠宝设计师，这也是钻石椅能够带给我们犹如雕塑般美感的原因。

钻石椅的得名自然源于其酷似钻石的外形，不过如果大家以为它只是虚有其表那就大错特错了。它非但不会在使用过程中被磨花或是腐蚀，即便是放在阳台、露台这些地方也能长时间地保持光洁如初。如果说有什么东西会变旧，那也仅仅是椅面上的软垫而已。

子宫椅

如果大家对这款椅子不太熟悉，那么光看这名字难免会产生这样的疑问：“什么椅子会起一个这么奇怪的名字呢？”想要解答这个疑问，最好的办法自然是亲身去体验它带给我们的坐感，只有亲身体会过那种由内而外的放松感才能体会 Eero Saarinen 设计这款椅子的初衷——犹如新生胎儿在母体子宫内那般舒适、温暖与安全。

子宫椅的内部采用了坚固的玻璃钢，然后使用模具一次出模成型，因此它能够在保证线条完美流畅的同时又能确保它的耐用性。椅子的底部采用抛光镀铬或雾面钢管做支撑，不管是远看还是细查都挡不住那股纤细而又流畅的美感。

贝壳椅

这款贝壳椅是我们前面介绍过的“椅子大师”汉斯·瓦格纳的作品，在国内它还被称为微笑椅或是飞机椅。

别看它诞生于半个多世纪前的 1963 年，由于颠覆性的外形无法被消费者接受以及技术与工艺上的成本问题直到 1998 年它才重见天日。量产之后的作品不仅保留了原作精致细腻的手工，还把价格拉低到了一个常人所能接受的水平，自此这款几乎被遗忘的经典椅终于再次崭露头角并成为许多收藏家与设计爱好者的收藏品。

贝壳椅的椅背与椅座采用了高压成型的胶合板，为了增加使用时的舒适度，瓦格纳还特别在背靠与椅座的部分加上了坐垫。虽然没有扶手，但椅座两旁弯曲的弧线却从视觉上弥补了这点小小的缺陷。特别是远看时整把椅子的造型犹如一抹浅浅的微笑，让人不自觉地想起“媚眼随羞合，丹唇逐笑分”的诗句。

翼椅

贝壳椅从诞生到受到市场青睐足足历经了 25 年的光景，而这把设计于 1960 年的翼

椅直到2006年才被Carl Hansen & Son公司重新生产制作并投放市场。

同样是柔软的椅面以及纤细的椅腿，翼椅在感官上与之前介绍的子宫椅有着异曲同工之妙。但不同的是翼椅的外形雕塑感更强，而且看上去更为干净利落，因此在这两者之间如何选择又给我们大家出了一个不大不小的难题。

孔雀椅

孔雀椅同样是汉斯·瓦格纳的作品，脱胎于温莎椅的它因其椅背以多条木杆制成形似孔雀开屏而得名。也许有人会担心看上去干巴巴的它在舒适感上有所欠缺，但不要忘了我们还有椅垫、靠枕以及休闲毯这些织物来让自己坐得更加舒服。

泰迪熊椅

憨厚可爱的泰迪熊是陪伴我们成长的一个卡通人物，在很多人的家里至今都珍藏着不止一个毛茸茸的泰迪熊玩偶。但是大家有没有想象过有一天被泰迪熊从背后紧紧抱住的模样呢?

这款由汉斯·瓦格纳设计于1951年的椅子正是基于这种灵感，宽厚的靠背、有力的臂膀所带来的安全感好像真的有被一只泰迪熊从背后紧紧地将我们搂入它怀中的感觉。

不同于那些可以大规模批量化生产的家具，泰迪熊椅从实木框架开始便是以全手工的方式进行制作。为了保证椅子的耐用性和稳固度，工匠们在实木框架的精细度以及榫接结构上下了极大的功夫，同时这也保证了木头框架能刚好被表面的面料完美包裹于其中。

虽然在今天看来泰迪熊椅的外形远没有近几年诞生的家具来得更具现代感，但已过花甲之年的它在市场却依旧广受欢迎。也许比起第一眼的观感，人们更在意的是它带来的心理上的安全感。

蝴蝶椅

经常远行郊游的人们肯定对于这款椅子的造型不陌生，因为它的结构与普通的户外折叠椅并没有太大的差异。但为什么如此普普通通的它却能够成为纽约现代艺术博物馆的馆藏展品呢？

其实这款被大家称为“蝴蝶椅”的椅子真名叫作“BKF Chair”，是 1938 年由三个阿根廷建筑师在布宜诺斯艾利斯设计和制作出来的。BKF 是这名设计师姓氏的首写字母组合，因此它也就被称为 BKF 椅。

与之前介绍过的蛋椅与天鹅椅一样，蝴蝶椅也并非一件刻意设计出来的产品，而是 1938 年这三个建筑师在给布宜诺斯艾利斯设计一个现代公寓时顺手的产物。直到两年之后的 1940 年，纽约现代艺术博物馆的设计部主任埃德加·考夫曼在一次展览上发现它并做出了“现代椅子设计中最佳者”这样的评价，这无心插柳柳成荫的作品才终于登上了世界舞台。

时至今日这款蝴蝶椅依旧是美国家具巨头 Knoll 的核心产品，在不少主打怀旧、复古的空间中仍然拥有极高的出镜率。

灯具

PH 系列

一提到北欧的灯具设计师，那么来自丹麦的保罗·汉宁森肯定是我们首先要介绍的，因为他是世界上第一位从人性化的角度来设计照明的设计师，他的作品对今日仍然有着非比寻常的影响力。

今天我们要介绍的 PH 系列灯具诞生于 90 多年前的 1925 年，但直到 21 世纪的今天

我们依旧经常在北欧人的家中发现它的身影。人们都说唯有经典才值得流传，那么这个系列的灯具又有什么独到之处呢？

它的秘密就是灯具存在的意义——对于光线的设计与考量。保罗·汉宁森认为：“设计灯具的目的就是要提供一种无眩光的光线，并以此创造出舒适的氛围。”在这种思想引导下，“无论从任何角度都看不到光源，所有的光线在发出来之后都必须经过一次反射才能到达工作面”的 PH 系列由此诞生。

灯具与光线、光线与其创造出的氛围、氛围和它影响到的人，与其说保罗·汉宁森设计的是灯具，不如说他设计的是人们在灯光下活动的场景。那么 PH 系列又能为我们的家贡献什么样的场景呢？接下来我们就依次来介绍几个 PH 系列中比较出名的款式：

1. PH 5

于 1958 年问世的 PH 5 虽然是保罗·汉宁森较后期的作品，但它却是所有 PH 系列中最出名也是应用范围最广的一款。据说是因为它的最大直径为 50 厘米才得名 PH 5。

2. 洋蓟灯（PH Artichoke）

PH Artichoke 也是这个系列中非常经典的一款。它的灯罩由 72 个叶片环绕组成，因为外形很像一枚松果，因此在国内大家称之为“松果灯”，但实际上保罗·汉宁森的设计灵感却来自于另一种植物——洋蓟。

3. 雪球灯（PH Snowball）

PH Snowball 与 PH 5 一样都是诞生于 1958 年，但令人讶异的是直到它面世的 20 年之后才受到人们的热捧。因为它的灯罩分层更多也更均匀，因此相比 PH 5，它的光线就要来得更加柔和而匀称。

羽毛灯

这款来自 Vita 的羽毛灯在一众北欧灯具中算得上是出镜率非常高的大明星了。它的尺寸从直径 35cm-65cm 不等，大号的显得优雅而富态，小号的则更显轻盈与飘逸。除了让人过目不忘的外形，当灯光打开之后光线从致密的羽毛丛中飘散出来的那个瞬间更是美得不可方物。

不管是将它放在卧室用作吊灯，摆在书桌上当作台灯，还是以落地灯的形式出现在客厅，而只要有它的出现，你的家里就少不了那份北欧独有的温暖和静谧。

Le Klint 172 吊灯

这款代号为 172 的吊灯是以折叠灯具著称的 Le Klint 公司中相当具有代表性的作品。经过特殊处理的 PVC 材质通过手工折叠的方式展现了犹如波浪一般的流动感，同时它具有耐脏和便于清洁的特性，如果你对于手工灯罩格外着迷，那么它就是你的必备收藏。

Le Klint Undercover 吊灯

不管你当初买下灯具的时候有多么喜欢它的造型和颜色，但时间久了未免会有些乏味，因此对于那些内心不安分的人来说购买一款灯罩可更换的灯具也就势在必行了。

这个时候我们不妨看看这款 Le Klint 系列。它由一个透明灯罩加上可更换的内衬组成，什么时候想换一种心情，只需要将原来的内衬取下再换上新的，一分钟之内你的吊灯就会焕然新生。

除此之外 Undercover 吊灯还有 Ananas、Joonas、Flower Flow 等不同系列的内衬可选。它们图案繁多且颜色各异，如果你实在拿不定主意那么不妨多买几款，毕竟它们可占据不了多少储藏空间。

纸水晶灯

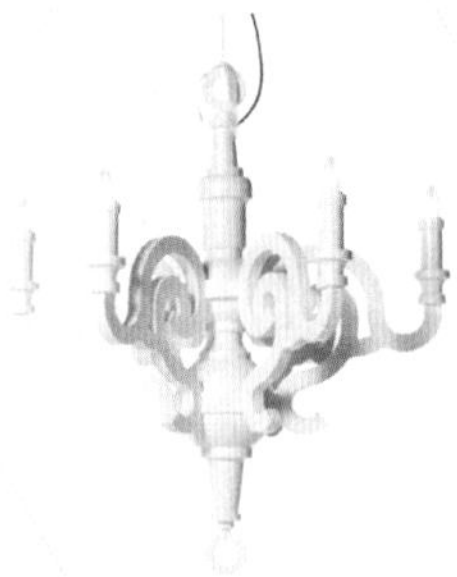

当大家看到这盏造型古典的水晶灯时可曾想过它是纸制的呢？想不到吧，这款融合了古典的优雅与现代的极简造型的吊灯正是利用了纸、硬纸板和纸浆这些我们熟悉的材料制成的。

如果你既向往古典的优雅浪漫又崇尚现代的极致简洁，那么把它带回家肯定是没错的。也许有了它的存在，客厅、卧室或是餐厅这些空间中也会响起若有似无的古典乐呢！

VP Globe 吊灯

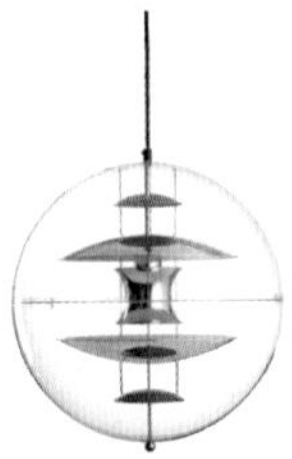

还记得直接介绍单椅时提到过的潘顿椅吗？这款 VP Globe 同样是 Verner Panton 的手笔。这盏灯的构造从外看上去一目了然：一个透明灯罩、三根金属链条和五片反射罩。但细细品味我们却发现其中蕴含了精确的几何逻辑以及大胆却恰到好处的色彩运用。

诞生于 1969 年的它正值航天热时期，这件作品也从一定程度上反映了当时人类对于宇宙以及外星球的想象。当我们站在 21 世纪的今天再去品味几十年前的遐想，是不是很有意思呢？

FLOS 2097

第一眼看上去有些杂乱，第二眼再看时却又发现它秩序井然，这种矛盾恰恰是 FLOS 2097 最值得称道的特点。诞生于 1958 年的它正值战后美学的蓬勃发展，那种充满了张力的美感，自然而然地就能吸引生活于和平时期的我们。

如果你也被这种别样的美学所吸引，那么在使用时不要忽略了注意它的尺寸，一般的家居小空间可很难容得下体形硕大的它。

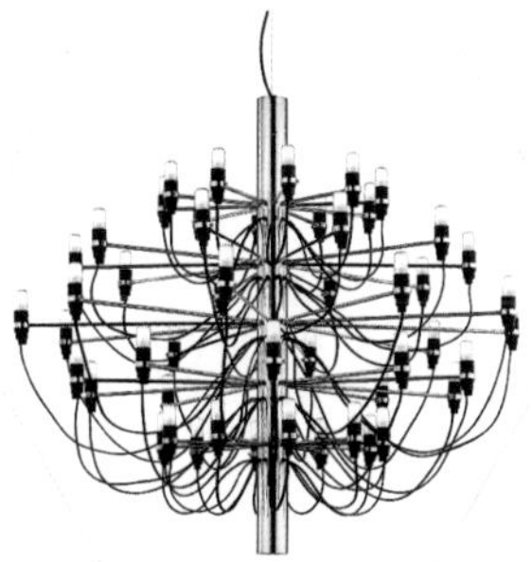

FLOS Viscontea 系列

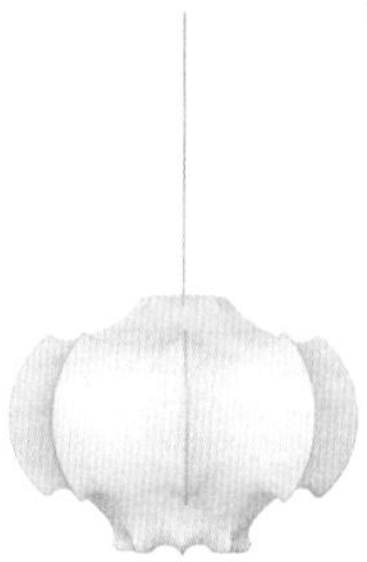

在所有灯具中被称为“蚕丝灯”的有许多，但其中名头最大的当属这款来自 FLOS 的 Viscontea，因为它被纽约当代艺术馆列为了永久馆藏。

这一系列的灯具包含了台灯与吊灯，以白色的金属为框架，并喷上一种特殊的塑料防护膜合成树脂作为灯罩。造型独特又具有朦胧的美感，也难怪它在市场上是如此受欢迎。

FLOS Aim 吊灯

这款像藤蔓一般从天花板垂下来的吊灯大家肯定不陌生，除了一些现代感十足的北欧风客餐厅，就连一些公共建筑、办公区域中也很常见，因为它的造型着实独一无二。

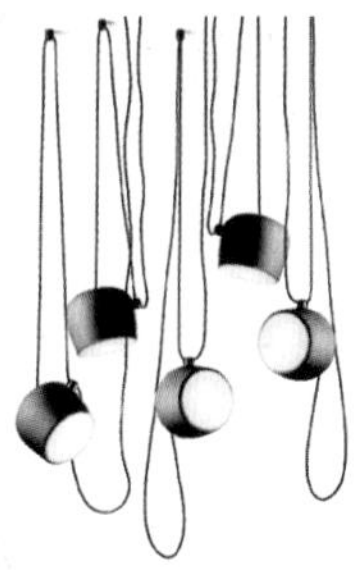

虽然这款吊灯来自意大利品牌 FLOS，但它的设计师却是来源于法国的 Bouroullec 兄弟，他们的设计理念也在这件作品上体现得淋漓尽致——让使用者决定产品应当如何使用、如何摆设。

接着我们再来看看这款吊灯背后的设计理念——创造一款能够一次性完全满足人们对于照明需求的灯具。因此我们得以见到它从天花板自由地悬挂而下，抬起手臂就能轻松地调节灯头的方向和高度，就好像夏季的庭院中头顶的葡萄藤一般，抬手就能触碰到那一串串沉甸甸的果实。

外形美观而又兼具实用性，体积不大能够适用于任何空间，如果你想要一款独一无二的吊灯，那么就好好地考虑一下它吧。

FLOS Taraxacum S 系列

这盏灯的英文名翻译过来就是我们熟知的“蒲公英”，因此也被称为“蒲公英灯”。它的工艺与前面那款 Viscontea 没有区别，两者只是在造型上有所差异，所以大家在准备购入 Viscontea 之前不妨好好地考虑一下，没准儿你会更喜欢这朵造型别致的蒲公英呢。

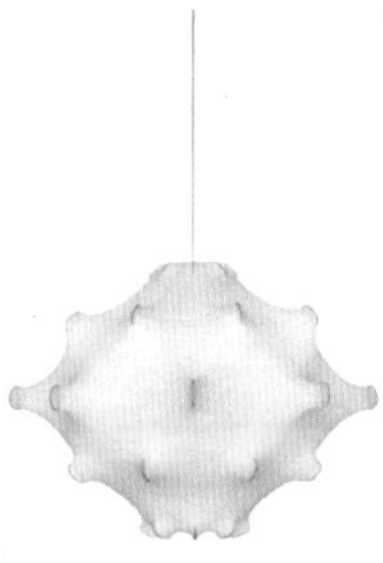

卡拉瓦乔灯

艺术爱好者们肯定都知道文艺复兴时期的意大利画家卡拉瓦乔。他的画风流畅而写实，善于运用光影的明暗对比与生动的曲线来创造画面效果。而这盏以他的名字命名的卡拉瓦乔吊灯期待展现的正是这种细腻而朴实的美感。

这件作品的设计师是丹麦设计界新一代的领军人物之一的塞斯丽·曼兹（Cecilie Manz），刚过不惑之年的她就已囊括多项世界级设计大奖，可见行业内外对她的设计哲学的认可。

“简约和纯粹不是一件好的作品的全部，如果没有情感与美感的融合它将一无是处。”听着曼兹的这句话，看看头顶上空的卡拉瓦乔灯，好像此刻的它也变得不再那么冰冷，隐隐然还能察觉一丝它对我们展现的微笑。

Beat Light 吊灯

谈到近些年蜚声国际的设计师肯定不能忽略了来自英国的汤姆·迪克森（Tom

Dixon）。我们很难想象一个没有接受过专业设计训练的人竟然能够通过自己的努力成为被全世界认可的产品设计师、室内设计师和建筑师。

这一组 Beat Light 的设计灵感来自于迪克森在印度旅行时见到的当地传统庙宇的尖顶和当地人民用于煮食、装水的器皿。而它的材质和制造工法则沿用了印度北方 Moradabad 人工旋转敲打黄铜（brass beating）的技术。

这个系列总共有 4 款大小不一、造型各异的单品，它们既可以单独出现在餐桌或是吧台上方，也可以以组合的形式来创造出一个充满律动的空间。

Void Light 吊灯

这款充满了科技感与时尚感的 Void Light 同样出自汤姆·迪克森之手。只有吊灯形式的它 一共有两种不同的大小和金、银、铜三个颜色。

这款吊灯所运用的双面不锈钢金属的设计据说灵感来自真空绝缘瓶。单片不锈钢金属通过挤压、冲孔、加热之后形塑了夹壁（double-walled）面，再经由手工抛光出镜面般的效果。这还不算完，为了维持光泽明亮的表现，最后还要在表面再上一层亮漆涂层。了解了如此精细致密的生产过程再看看它的价格，虽然高但物有所值！

Heracleum 吊灯

这款在国内被亲切地称为“萤火虫灯”的吊灯来源于荷兰品牌 Moooi，其实它的名字翻译过来是一种名为“独活属”的植物，萤火虫灯只是大家根据它的外形起的别名。

在这款灯具的设计中，设计师运用导电的镀

层技术让纤细的金属结构成为可能，然后用透明的塑胶镜片来模拟独活属枝头的白色小花朵，远看好像与一株真正的独活属无异，走近一看却又科技感十足，这一幕现代感十足的自然有机形式被演绎得如此活灵活现，也让我们不得不佩服这款灯具的设计师。

Random Light 吊灯

这款 Random Light 同样来自 Moooi，不过与上一款 Heracleum 不同的是，设计师又运用了截然不同的一种材料——玻璃纤维，要知道它的设计师 Bertjan Pot 花了三年工夫才开发出这款灯的原型。

Bertjan Pot 所使用的玻璃纤维细丝是浸泡过环氧树脂的，他将这些细丝随意缠绕在一颗气球上，等待细丝成型之后再戳破气球，留下来的便是呈现在我们眼前的玻璃纤维骨架。

轻盈而又柔软，丰满却又纤细，这款适用于所有室内空间的吊灯着实找不到什么缺点。如果非得鸡蛋里挑骨头，那么每次打扫它的时候都得把灯罩卸下来可能就是它唯一的缺点吧。

Norm 69 吊灯

这款神似松果灯的吊灯是丹麦品牌Normann Copenhagen 成立之后第一件推出的产品，并至今仍在这个品牌中占据着举足轻重的地位。它全身上下总共由 69 个零件组成，不需借助任何工具或胶水，使用者单凭双手折、叠、轻扣的功夫，只要花上两个小时就能让它活灵活现地展现在眼前。

说起它的来历也是一件趣事——当 1969 年丹麦建筑师 Simon Karkov 将它设计出来时只是把它摆放在房间的角落里当作装饰。直到有一天有朋友来访发现了这块被忽视在角落的璞玉，随后经过与 Normann Copenhagen 公司的合作才将这款经典的松果灯展现在我们的眼前。

除了需要花费不少的时间自己组装，肯定有不少人担心它的造型会增加清洁的难度。其实这款吊灯清理起来十分方便，不管使用抹布还是鸡毛掸子，我们只需要轻轻地在灯罩上掸一掸、擦一擦就能拂去上面的灰尘，甚至将灯罩取下来直接水洗也并无不可。

对比前面介绍过的另一款正宗的“松果灯”PH Artichoke，这款造型更加现代更加摩登的 Norm 69 不知道是否更合大家的口味呢?

FL/Y 吊灯

“七彩泡泡”！当大家看到这款吊灯的时候脑海中是否会浮现出那幅五彩缤纷的一幕呢。在介绍这款吊灯前我们先来了解一下它的父亲——意大利家具生产商 Kartell 公司，要知道它可是第一家以聚碳酸酯 (polycarbonate) 材质制作家居产品的公司。

Kartell 创立于 1949 年，生逢其时的它恰好赶上了后现代主义蓬勃发展的年代。凭借变化多端的造型以及鲜艳夺目的色彩，Kartell 的塑料家具着实在当时掀起了一股流行风潮，而这个品牌也自此登上了世界舞台。

Kartell 的家具除了标志性的塑料材质，紧紧跟随当代艺术发展也是它得以长盛不衰的不二法门，毕竟在它的设计团队中可是拥有 Ron Arad、Enzo Mari 以及 Philippe Starck 这些大师级的人物。

回到这款 FL/Y 吊灯，五彩缤纷的灯罩和透明轻盈的材质能让我们忽略掉头顶正高悬着一盏吊灯，取而代之的则是一个甜蜜而又醉人的泡泡。

Bourgie 台灯

大家还记得马格莱达夫妇俩的卧室床头出现的那盏台灯吗? 没错，它就是来自 Kartell 的 Bourgie 台灯。外形极具巴洛克风格，而它选用的材料却是非常现代的塑料，正是这种看似不和谐的冲突才使得它格外迷人。

除了独特的外观，这款台灯的功能性也并不差。它的灯罩经过特殊的接合设计，能够让使用者根据自身的喜好来调整三种不同的高度，同时还可以产生千变万化的光影效果。

Snoppy 台灯

史努比作为陪伴我们成长的一个卡通人物想必我们大家都非常熟悉，再看看这款同名的台灯是不是瞬间梦回童年呢?

现代而又充满卡通范儿的外形，加上意大利独有的白色卡拉拉大理石，我们没有拒绝它的理由。而且要知道它诞生于半个世纪以前的 1967 年，经过了时间的检验我们还有什么好担心的呢?

Arco 落地灯

不管是在北欧还是世界上的其他地方，一提起落地灯最出名的莫过于这款设计于 1962 年的 Arco。

也许有人会好奇为什么它的尺寸如此巨大，其实这款灯的设计初衷就是为了替代餐厅的吊灯。因为在欧洲各地有许多老建筑物都列为古迹，这样子改造房屋的时候就多了不少限制。于是设计师 Achille Castiglioni 就此设计出了与众不同的 Arco 来取代吊灯，它的功能性与后者相差无几而且机动性也更强，白色大理石底座也让 Arco 的稳固性得到了最大程度的保障。

时至今日 Arco 的舞台早已不限于最开始的餐厅，客厅、办公区也时常能够发现它的身影。简约、优雅同时还非常实用，相信它绝对会成为你家的点睛之笔。